Petit traité
à l'usage de ceux qui veulent toujours
avoir raison

Du même auteur

BRÈVES NOUVELLES DU MONDE
Calligrammes, 1986

VARIATIONS SUR LE RÉEL
Calligrammes, 1988

HISTOIRE DE L'ILUSION
José Corti, 1993

DE LA CONNERIE
José Corti, 1994

DU MALHEUR DE TROP PENSER À SOI
José corti, 1995

LE GÉNIE À L'USAGE
DE CEUX QUI N'EN ONT PAS
José Corti, 1996

TOUT M'ÉNERVE
José Corti, 1997

POUR LES YEUX DE JULIE
José Corti, 1998

Georges Picard

Petit traité
à l'usage de ceux qui veulent toujours
avoir raison

Deuxième tirage

José Corti

ACHEVÉ D'IMPRIMER
EN OCTOBRE 1999
PAR L'IMPRIMERIE
DE LA MANUTENTION
A MAYENNE

Dépôt légal : 4e trimestre 1999

Le programme des parutions et le catalogue général sont envoyés sur simple demande adressée à :
LIBRAIRIE JOSÉ CORTI, 11 RUE DE MÉDICIS, 75006 PARIS

N° d'édition : 1551
ISBN 2-7143-0703-5

SOMMAIRE

Des chefs et des enfants.

On a raison de vouloir toujours avoir raison, je ne connais pas de postulation plus attrayante, ni plus productive. Les bons esprits s'offusquent de cette position de principe qui se nourrit, disent-ils, de la plus constante mauvaise foi. Puisque personne ne peut toujours avoir raison, avec n'importe qui et sur n'importe quel sujet, il faut être tricheur, menteur ou tyrannique, user d'artifices ou d'autorité, pour oser prétendre ramasser la mise à coup sûr dans toute discussion suscitant une controverse. D'une certaine façon, une telle prétention relève de la maladie mentale, insinuent les bons esprits. Par exemple, il est connu que les chefs d'État, chefs de parti, militaires gradés et supérieurs hiérarchiques, à quelque niveau que ce soit, manifestent tôt ou tard une tendance au délire paranoïaque. Le pouvoir rend l'homme fou, et folle la femme, d'une folie intériorisée, socialement acceptable et valorisante, et dont la principale manifestation consiste justement en cette revendication totalitaire : avoir toujours raison.

Formellement, le fait d'intimider son contradicteur pour l'obliger à reconnaître qu'il a tort est une victoire à l'arraché, qui peut engendrer à la longue de la mauvaise conscience. Or, toutes les études sur le sujet prouvent qu'un chef doté de mauvaise conscience est un danger pour son pays ou pour son entreprise, à l'instar d'un commandant de bord pris de boisson. Il faut le remplacer ou l'abattre dans les plus brefs délais, c'est une mesure de salubrité pour tous. Voici où le fond tire vers la forme : il n'est pas question d'avoir raison en apparence en ayant tort quant au fond. Il faut avoir raison absolument parlant, sans réserve, par la seule supériorité de l'intelligence, de la perspicacité, du poids des arguments et de l'irréfutabilité des preuves. Quel que soit le rapport d'autorité, il faut avoir raison comme si celui-ci n'existait pas. Comme Socrate subjuguant par sa seule supériorité intellectuelle Calliclès ou Protagoras. Un chef n'a pas toujours raison parce qu'il est chef; il est chef parce qu'il a toujours raison*. Où l'on voit, comme disent les bons esprits qui veulent toujours avoir raison eux aussi, que la déraison est au cœur de ce vice qu'ils dénoncent comme dénaturant la noblesse de l'esprit humain.

Étant gosses, nous avons tous menacé des camarades de leur tordre le cou ou de leur arracher le bras s'ils ne prononçaient pas distinctement la formule libératrice : « C'est toi qui as gagné, j'ai tort, tu as raison, etc. » (et caetera impliquant parfois toute une série de gages de vassalité). La jeunesse croit surtout à la force, elle se laisse facilement impressionner par la grosseur de la voix et des muscles, et prend naïvement les signifiants ostentatoires pour des preuves de supériorité. (En quoi l'enfance est proche de l'animalité : elle se donne pour chefs de bande les moins fondés, quoique les mieux fardés, à commander, les m'as-tu-vu, les

* Il me semble que ce principe fondamental est connu depuis longtemps, au moins depuis que les fabricants de soucoupes et de cendriers à proverbes font fortune grâce à la philosophie et que les employés de bureau affichent au mur des préceptes pleins de sagacité ironique visant à montrer la limite de leur duplicité sociale.

matamores, etc., et confierait volontiers son destin à un gorille en livrée rouge. Je ne sais pas si l'âge adulte est tout à fait débarrassé de ce complexe de l'apparence. Mon petit doigt me dit que non.) Depuis que nous n'avons plus l'âge ni les moyens de poser le pied sur la poitrine de nos contradicteurs, il est évidemment plus délicat d'arracher un aveu de soumission aux insensés qui nous chicanent. Ah, mais c'est qu'ils tiennent à avoir le dernier mot! Présomptueux qui n'hésitent pas à publier contre nos thèses des articles, voire des livres! Et qui, en public, captent la parole et forcent l'attention à seule fin de démontrer que la vérité est leur propriété exclusive, inaliénable : pas question de la débiter en lots et d'en louer des parcelles! Du reste, la vérité est une, comme disait Parménide, elle ne se divise pas.

Du faible prestige des petits chefs.

On pourrait se demander si le fait d'avoir toujours raison apporte la satisfaction attendue. Quoi de plus lassant qu'un triomphe perpétuel qui enlève au combat le plus beau de lui-même, à savoir son risque? Un tel acharnement à faire plier l'interlocuteur à tout prix est à double tranchant. Prévenus, vos contradicteurs refuseront l'engagement. Ils vous donneront raison beaucoup trop tôt pour que vous en tiriez matière à glorification. Votre vanité n'y trouvera pas son compte. On a vu des esprits dominateurs tomber dans le ridicule jusqu'à supplier qu'on ne leur donnât pas tout de suite raison – ou du moins qu'on leur donnât tort de ne pas vouloir avoir tout de suite raison, puisqu'ils ont raison. Avoir raison ne peut être une sinécure, sauf à perdre le respect de soi-même. J'écarte comme indignes de ce fort projet ceux et celles qui sont prêts à se satisfaire d'une victoire sans combat. Et certes, c'est beaucoup de monde, à commencer par les chefs dénués d'autorité personnelle. L'armée, les administrations et, en général, tous les corps où l'avancement hiérarchique s'effectue à l'ancienneté plutôt qu'au mérite abritent de tels parasites habitués à obtenir raison avant d'avoir ouvert la bouche. L'idée mécanique de leur apparente supériorité les ravale au rang de rouages calibrés pour un fonctionnement sans à-coups. Ils ont raison par principe et par destination, à quoi bon se donner la peine de leur rappeler à tout bout de champ un privilège de fonction? Un grand trait sur tous ces petits papes à l'infaillibilité sans prestige, mais sans lesquels, il faut le reconnaître, la société s'affaisserait faute d'un indispensable cartilage hiérarchique.

La nullité comme idéal.

La nullité a besoin d'ordre. Il lui faut une hiérarchie, des moyens de pression, des agents, et une fin qui se confonde avec elle-même. Pour maintenir l'humain à son niveau le plus bas, là où il ne risque pas de faire des vagues, rien ne vaut une organisation structurée avec des niveaux de pouvoir et des pions disciplinés capables de les exercer. Tout échafaudage de cet ordre tient par la conviction généralisée qu'il n'est pas nécessaire d'expliquer pour être obéi, ni de comprendre pour obéir. La vérité se diffuse d'elle-même de haut en bas par le simple effet de l'ascenseur hiérarchique. L'efficacité est proportionnelle au degré de complexité grâce auquel est maintenue l'illusion d'une certaine liberté à tous les stades du commandement. Plus les rouages humains sont insignifiants, plus ils sont aisés à convaincre de leur fausse autonomie. Les nuls fournissent les meilleurs rouages, associant le maximum d'inertie intellectuelle avec le maximum d'application à exercer une dictature sur la portion étroite du pouvoir qui leur est impartie. Ces structures, où tout le monde a raison par-dessus et tort par-dessous, réalisent une sorte d'idéal humain fait d'équilibre entre arrogance et humilité. Les sociétés ont beau médire d'un tel idéal, elles y reviennent toujours.

De la mégalomanie commune.

Les hommes s'affrontent pour approcher ou gagner le pouvoir et satisfaire leur goût de la domination matérielle, mais tout autant pour imposer au monde leurs valeurs intellectuelles, leur idée de la justice, leur conception de la vie sociale, leurs penchants esthétiques, voire leurs inclinations sexuelles. À travers le pouvoir personnel qui, dans les régimes totalitaires, règle jusqu'au privé des citoyens, se voit à cru cette volonté de domination morale que l'on retrouve, évidemment très affaiblie, chez bon nombre de gens ordinaires. Donnez du pouvoir à votre voisin, il en usera pour imposer son conformisme autour de lui. Si, demain, il est pape ou dictateur, ses vassaux devront se plier aux exigences de son éthique personnelle. On prétend que le pouvoir corrompt ceux qui l'approchent : en réalité, il ne fait qu'ouvrir les vannes de la compulsion morale à tendance sadique que chacun cultive, plus ou moins inconsciemment, en soi.

Cet impérialisme n'est condamnable qu'au regard d'une morale particulière de la tolérance qui, sous la narine de certains, sent un peu son eau bénite. La plupart du temps, l'idée concrète que l'on se fait de la tolérance se distingue mal d'une attitude d'indifférence égoïste. À certaines périodes critiques, la tolérance devient même l'antichambre de la compromission et de la collaboration. Il ne suffit donc pas d'agiter de grands mots pour effrayer notre instinct dominateur prêt à jaillir, comme un diable hors de sa boîte, lorsque les circonstances le favorisent. Ne voit-on pas des timides devenir arrogants dès que le premier obstacle qui les paralysait est surmonté? Imaginons un pâle notaire de province, adonné depuis trente ans au rituel de la belote dominicale, prendre peu à peu de l'ascendant sur ses partenaires de l'apéritif, auxquels il finit par imposer ses vues en matière de politique, de mœurs et de morale. Bientôt, leur compagnie devient un club, puis un parti, incontournable dans le quartier, plus tard dans la ville et, qui sait, un jour, dans le département et le pays... Le notaire est un être falot, qui doit le rester, même au faîte de son ascension. Son insignifiance le rend d'autant plus efficace : il est comme la source invisible de l'inconscient manipulateur, sourdement en œuvre dans la majorité des esprits. Ce qui réussit chez lui aurait pu, pourrait, réussir chez nous, si nous avions la volonté et l'adresse de l'entreprendre. Et surtout, si nous étions convaincus de porter en nous un idéal généralisable. Touchons du bois : toute notre éducation vise à réprimer cette mégalomanie larvée, en outre rognée par la menace environnante de pulsions concurrentes. Mais l'état de paix armée se devine encore, sous une forme affadie et, en quelque sorte, petite-bourgeoise, dans certains débats publics où chaque intervenant croit indispensable de faire son numéro. Tous ne sont pas des petits Lénine, tant s'en faut, ni même des quarts de Robespierre. Je ne dis pas que couve en eux le désir secret de faire marcher l'Humanité à leur pas. Non, je crois qu'ils se contenteraient d'un public conquis, bruyamment approbateur, d'une assemblée à leurs pieds. (Du reste, toutes les dictatures d'origine parlementaire ont commencé ainsi.) Qui est capable de subjuguer une assistance de cent personnes ne l'est peut-être pas de dominer le monde, mais je serais étonné qu'un tel talent n'alimente pas, à l'occasion, des rêves à la Gengis Khan.

Postulons d'abord.

Il n'est pas nécessaire d'avoir raison pour prétendre avoir raison. De toute façon, la preuve arrive toujours trop tard. La moindre affirmation exige au moins une thèse pour que soit fondée sa légitimité, mais cette thèse doit chercher ses propres fondements dans d'autres thèses et d'autres affirmations. Atteint-on jamais le socle ultime d'une démonstration? Les esprits les plus rigoureux savent le puits sans fond que représente toute vérité. Aussi croient-ils s'en tirer en se reposant sur des postulats qui, par définition, n'ont pas besoin d'être démontrés. C'est d'une méthode prudente et d'une modestie louable, nous ferions bien de nous en inspirer. Le postulat *j'ai raison* tient seul; il semble inutile d'aller vérifier s'il est parfaitement à la verticale : il l'est aussi bien que n'importe quel autre postulat imaginé par un cerveau imbu de lui-même. Autour de lui peut être bricolée toute théorie solidement arrimée à ce mât. Si j'ai raison d'office, rien de ce que j'avance ne manquera d'y être rattaché, y compris la plus improbable des fantaisies. Je sais qu'il se trouvera des gens pour contester la loyauté de ce qu'ils désigneront comme une sorte de jeu où le gagnant est connu d'avance. Je leur ferai remarquer que dans la loterie que représente la distribution de la vérité ici-bas, il est équitable de prévoir une formule où tout le monde, sans exception, a au moins une chance de gagner. Postulons d'abord, discutons ensuite, et la vérité, ainsi conservée par tous, sera bien gardée.

Des techniques particulières.

La nature du sujet de discorde détermine le type de stratégie à adopter :

Dans une discussion philosophique, l'emporte celui qui s'exprime avec la terminologie la plus appropriée. Le vocabulaire technique supplée l'absence éventuelle de logique, les concepts forment l'arche du raisonnement.

En politique, la conviction et l'apparence de sincérité valent tous les arguments : perd celui qui baisse les yeux le premier.

Les débats historiques exigent des surenchères de références que personne n'a le temps d'aller contrôler. Il faut donc savoir y être imprécis avec rigueur.

Si vous bataillez à propos d'esthétique, soyez post-nihiliste et traitez de ringards ceux qui préfèrent Duchamp à Meissonier*.

* En esthétique, il n'y a pas de paradoxes indéfendables, seulement des paradoxes mal défendus.

Dans les débats de société, vous pouvez dire n'importe quoi, à condition de parler plus longtemps que l'adversaire : comme dans les querelles de ménage, c'est l'endurance qui fera la différence.

On pourrait s'étendre ainsi sur la stratégie particulière à chaque domaine d'affrontement (je suppose qu'il se trouvera des lecteurs pour me reprocher de ne pas l'avoir fait). Ce qu'il importe de retenir, c'est qu'un bon cerveau n'est rien sans une bonne technique, et que l'on peut apprendre à avoir raison sur un sujet donné comme l'on apprend l'anglais ou la chimie organique.

Tout est explicable par n'importe quoi.

On a pu montrer, non sans un semblant de pertinence, que le plan des pyramides égyptiennes obéit à des rapports mathématiques calqués sur des distances astronomiques prouvant que les Anciens savaient calculer, par exemple, la distance exacte de la terre à la lune. Les statues géantes de l'île de Pâques ont fait l'objet de spéculations tout aussi troublantes, et un mathématicien malicieux a jadis publié un article saturé d'équations, démontrant sans contestation possible que les dimensions des guérites de la Garde républicaine, loin d'être le produit du hasard ou de nécessités pratiques, répondaient exactement à une projection mathématique, ramenée à l'échelle, de rapports de distances entre différentes planètes du système solaire. Si les sciences exactes peuvent obliger le réel à se plier aux exigences d'élucubrations aussi fantaisistes, on imagine le pouvoir mystificateur des sciences humaines, quand un spécialiste intelligent les mobilise au service d'une idéologie ou de quelque finalité particulière. Un ouvrage passionnant pourrait recenser les sottises pseudo-scientifiques les mieux réussies. On y verrait que la frontière entre la probabilité fantaisiste et la probabilité scientifique se perd parfois dans le flou. Partant, comment s'étonner que le pouvoir des sophistes soit si grand, puisqu'il n'est pas d'habileté qui, subtilement appliquée, ne puisse rendre plausible la pire des extravagances? Aussi aurait-on tort de désespérer.

L'ignorance n'exclut pas la fermeté d'opinion.

Ayant jadis étudié la sagesse dans des livres traduits du grec, du chinois ou du sanskrit, j'ai un certain désavantage par rapport aux ignorants qui n'ont pris de leçons que dans les journaux sportifs ou les magazines de mode. Lorsque nous nous affrontons sur un sujet ardu, réclamant pour être élucidé des années de réflexion, je suis intimidé par la conscience de mon insuffisance, ce qui freine mes emballements, quand eux, propulsés par le booster de leur ignorance, sont sûrs d'avoir trouvé avant même d'avoir cherché. Comment leur faire comprendre que j'ai raison de ne pas clamer que j'ai raison avant d'avoir pris le temps de démontrer qu'ils ont tort? Mais non, ils n'en démordent pas. D'ailleurs, mes hésitations me trahissent. La vérité est une flèche qui va droit à la cible. Les scrupules intellectuels sont les tremblements de l'esprit. Visant mal, comment toucherais-je ?

On voit que l'ignorance n'exclut pas la fermeté d'opinion. Il existe même une complicité objective entre elles. Moins ils en savent, plus ils la ramènent, dit le prophète. La gueuserie intellectuelle se prévaut de son prétendu cousinage avec la Vérité. Néanmoins, il faut être naïf pour penser que le savoir libère l'esprit de cette loi de gravitation qui met toute pensée en orbite autour de la Vérité. Plus ils en savent, plus ils la ramènent, dit aussi le prophète, les jours impairs. Avoir raison est la prétention la plus universelle et probablement la plus ancienne. Pour avoir raison contre Abel, Caïn eut raison de lui. La Bible est un livre de raisons, toutes arquées les unes contre les autres, impitoyables, meurtrières, et dont la principale raison d'être est de prouver que Dieu a toujours raison, car Il est au-delà de la Raison, ce qui est une raison suffisante pour, justement, ne pas avoir à donner de raisons. Les religions monothéistes ont délégué à leurs inquisiteurs le droit absolu d'avoir raison sur n'importe quel article de foi, y compris le plus improbable. Je les soupçonne d'en avoir inventé de particulièrement gratinés, uniquement pour tester la limite extrême du point de rupture de leur pouvoir. Si nous avons raison d'établir et de défendre la sainteté d'un principe aussi extraordinaire que la Trinité, soutinrent, par exemple, les théologiens du concile de Constantinople, nous aurons toujours raison au-delà des bornes de la Raison même, et toute opposition au dogme relèvera de la déraison et du péché. S'est-on suffisamment étonné de l'incroyable audace méthodologique qui consiste à justifier toutes raisons à partir d'une Idée proprement impensable? Comme dans la pensée magique, l'incompréhensible ne détruit pas, mais, au contraire, conforte la crédulité raisonneuse. Au nom du Mystère, sanctifié en quelque sorte par son obscurité transcendantale, le premier croyant venu peut tenir la dragée haute au plus méticuleux des penseurs. Un mécanisme comparable s'exerce à travers les idéologies politiques totalitaires, dont l'archaïsme magique n'a même pas l'excuse de s'enraciner dans une époque préscientifique. Mais qu'importe les progrès de l'esprit, d'ailleurs relatifs : à toute époque, l'arrogance de l'obscurantisme reste le carrefour des nullités humaines.

De l'utilité de la mauvaise foi.

Seuls, les naïfs peuvent croire qu'une discussion vise à résoudre un problème ou à éclaircir une question difficile. En réalité, sa seule justification est d'éprouver la capacité des participants à désarçonner leur adversaire. L'enjeu n'est pas de vérité, mais d'amour-propre. Le beau parleur l'emporte sur le bafouilleur, le téméraire sur le timide, le fonceur sur le scrupuleux. Être de bonne foi équivaut à additionner les handicaps, le scrupule s'ajoutant à la circonspection pour alourdir la langue. Qu'est-ce que la bonne foi? Une conduite d'échec, un véritable suicide... Les débatteurs sérieux parlent sans écouter, piétinent tout raisonnement non conduit par eux-mêmes, méprisent les oppositions, ignorent les obstructions et arrachent, en quelque sorte, la victoire à la force du mot. Ils cultivent la mauvaise foi avec le professionnalisme du jardinier élevant une plante vénéneuse dont le poison a des suavités si profondes que, qui y a goûté une fois, ne peut plus s'en passer. Pour donner le meilleur résultat, la mauvaise foi ne doit pas être trop subtile. En effet, son impact ne serait pas suffisant pour déquiller autrui rapidement et pour longtemps. En cette matière, la finesse ne saurait remplacer la brutalité qui, malgré sa réputation détestable dans certains milieux intellectuels, donne les résultats les plus sûrs dans un laps de temps nettement raccourci. Mieux vaut enlever le morceau sans façon à l'exemple de Porthos que faire traîner la décision en faisant des manières comme Aramis.

Le point de moindre résistance.

Tout accord concédé à autrui dans une discussion introduit immédiatement un point de moindre résistance dans le dispositif argumental de celui qui a essayé de faire preuve d'objectivité. C'est à cet endroit que les premières lézardes apparaissent jusqu'à ce que la pression psychologique rompe les digues. Cette sorte de bonne foi revient à dégarnir son aile en imaginant que le centre tiendra. Ainsi voit-on des débatteurs admettre promptement les vérités faussement naïves qu'on leur propose avec la précipitation de joueurs d'échecs sacrifiant des pions pour sauver une tour. À partir de cet instant, ils sont perdus, et la fin de l'altercation n'est plus guère qu'une formalité.

La sophistique ne répond pas aux mêmes subtilités que les échecs. On pourrait plutôt la rapprocher de la stratégie guerrière, grossière mais efficace, qui consiste à marteler une position de l'ennemi afin de créer dans sa défense une dépression assassine. Pour avoir toujours raison, il faut concentrer lourdement le tir sur une cible choisie. Pour ne jamais avoir tort, il faut tenir partout sans rien concéder. L'excès d'objectivité, voire la simple civilité, qui nous porte à offrir à autrui la satisfaction de l'emporter, au moins en un endroit secondaire du débat, est une faute, car, affaiblissant notre propre défense, il nous oblige bientôt à mobiliser un surcroît de ressources pour colmater la brèche. Le temps perdu à cette tâche est soustrait à l'essentiel. On se distrait en escarmouches, laissant à l'adversaire le loisir de positionner dans l'axe central ses meilleurs arguments. L'expérience nous apprend que la bonne foi dans une controverse nuit à celui qui s'en prévaut. Ou, plus justement, à celui qui en fait preuve, car pour ce qui est de s'en prévaloir, cela ne coûte rien aux deux débatteurs, fussent-ils aussi menteurs et retors l'un que l'autre.

De la conviction intime au communisme de la conviction.

Une fois débarrassé du préjugé qui consiste à croire qu'il faut être détenteur d'une part de vérité pour avoir raison, on se sent plus léger pour affronter le combat psychologique. Il s'agit d'acculer le contradicteur à rendre les armes sur la foi de notre supériorité formelle, celle-ci se fondant sur la conviction partagée qu'aucun argument ne saurait plus renverser l'ordre des raisons subjectives qui établit la défaite de l'un et la victoire de l'autre. Le partage d'une conviction n'est pas acquis d'avance : il faut d'abord se convaincre qu'il est possible. D'une façon générale, les convictions se prêtent mal au partage, chaque esprit voulant en avoir plus que les autres. Aussi parle-t-on de conviction intime pour bien marquer le caractère privatif de l'enjeu. Pour avoir raison contre autrui, il est nécessaire d'instaurer le communisme de la conviction, faute de quoi l'interlocuteur ne sera jamais en état de reconnaître son infériorité. Il chicanera, il argumentera, la décision restera incertaine. Or, ce partage obligé passe d'abord par l'étape d'une intime conviction originelle. Si vous n'êtes pas intimement convaincu d'avoir raison et d'être capable de faire partager à autrui votre conviction, il est inutile de croiser le fer, vous n'y gagnerez qu'une sanglante blessure d'amour-propre. Par exemple, en bon disciple de Montaigne, vous pensez que « nos raisons et nos discours humains, c'est comme la matière lourde et stérile »? N'insistez pas, votre position est intenable, vous n'êtes pas fait pour avoir raison, encore moins pour avoir toujours raison. En revanche, si vous croyez avoir été mis au monde à seule fin d'amener autrui à la boucler devant vous, autrui et le monde vous appartiennent, intellectuellement parlant pour commencer. (Ensuite, à vous de décider ce que vous ferez de vos victoires.)

Qui parle?

Il y a quelques années, un a priori idéologique exigeait de savoir avant toute chose *qui* était le locuteur, *d'où il parlait.* Sa situation sociale et intellectuelle, notamment dans la lutte des classes, déterminait l'importance et le sens de son discours. Les mêmes paroles prononcées par un notable bourgeois n'auraient pas eu une signification identique dans la bouche d'un prolétaire. Les mots étaient, en quelque sorte, préconditionnés par l'identité idéologique de celui qui les prononçait. Aussi vit-on beaucoup de bêtises approuvées quand elles venaient d'un frère de classe, et autant de paroles sensées sifflées parce qu'elles émanaient d'un ennemi. Dans les années 68, il suffisait d'annoncer son origine ouvrière en milieu étudiant pour bénéficier d'un accueil respectueux, voire flagorneur, qui ouvrait la possibilité de dire à peu près n'importe quoi sans risquer d'être ouvertement contredit. J'imagine que, vingt ans plus tôt, le statut proclamé d'ancien Résistant jouait un rôle comparable, et que, cinquante ans auparavant, le fait, pourtant assez général, d'avoir fait la guerre dans les tranchées, donnait un prestige incontestable à celui qui voulait avoir raison contre les « planqués ». On a même connu une époque où être de l'Académie française constituait en soi un privilège dans l'ordre de la raison!

Aujourd'hui, la démagogie permet de décliner avec avantage les malheurs de notre existence. « Moi, qui n'ai pas eu la chance de faire des études... » est un sésame efficace devant une assemblée d'intellectuels diplômés. Si vous vous proclamez SDF ou séropositif, vous serez écouté par n'importe quel public avec une bienveillance à laquelle la richesse et la santé ne sauraient prétendre*. Il est vrai que, dans nos sociétés démocratiques, rares sont les citoyens qui ne cultivent pas la mauvaise conscience de ne pas être ce qu'ils

* Toute pitié facile mise à part, on ne voit pas en quoi le malheur, en tant que tel, donnerait raison. Être chômeur éclaire sur la misère sociale, pas sur la façon d'y remédier.

ne sont pas, dès lors qu'ils font partie du monde majoritaire. Si vous appartenez à une minorité *forcément exploitée*, minorité linguistique, religieuse, sexuelle, culturelle, sociale, physique, etc., vous serez tenté de transformer votre destin en argument. Ce n'est pas loyal, mais c'est humain et, surtout, efficace dans un débat où dire la vérité importe moins que *parler vrai.*

Un mécanisme un peu comparable d'instrumentalisation du passé se voit dans les discussions politiques. Depuis une vingtaine d'années siffle fréquemment le missile idéologique suivant : « Moi, je n'ai jamais été communiste ! » Outre que ne pas s'être trompé à gauche ne constitue pas une garantie de ne pas s'être fourvoyé à droite, il est pour le moins audacieux de laisser croire qu'un anticommunisme d'antan est un bouclier contre les erreurs du présent. À l'inverse, d'anciens apparatchiks rouges, arguant de leur stalinisme passé, s'estiment à jamais vaccinés contre les errements idéologiques. Parce qu'ils se sont grossièrement trompés, ils ont l'avantage de l'expérience, et c'est au nom de cette dernière qu'ils réclament une priorité à être crus.

Accepter une discussion, sans la conditionner par ce genre d'a priori, relève d'un héroïsme intellectuel confinant à l'inconscience. Il est plus prudent de décliner ses titres à avoir raison immédiatement, avant le débat et quel que soit son objet. Les malheureux qui ne disposent d'aucune infortune à exploiter, et n'ont aucun passé calamiteux à faire valoir, risquent d'être en mauvaise posture. Je n'ose pas leur conseiller de s'inventer un handicap intellectuel les privant injustement du fonctionnement de leur raison, dans l'espoir de tétaniser leurs contradicteurs qui n'oseront plus faire usage de la leur.

Les médias ont toujours raison.

La domination intellectuelle est difficile si l'on ne dispose pas d'une tribune médiatique. Plutôt que de perdre de longues années à réfléchir sur le sens de la vie, ou sur les rapports des hommes et des femmes, ou sur l'influence de l'alimentation transgénique sur la productivité laitière des vaches normandes (je connais un chercheur qui a passé quarante ans à étudier les termites ; lui-même admet ne pas avoir encore réussi à percer leur secret – il existe, prétend-il, un secret des termites !), ou sur tout sujet engageant peu ou prou le destin de l'Humanité, mieux vaut commencer par se donner les moyens d'accéder à la rédaction d'un journal ou, mieux, d'une chaîne de télévision. En effet, c'est l'importance du média en terme d'audience qui détermine la suprématie d'une opinion. N'importe quelle sottise cathodique émise entre vingt heures et vingt heures trente est plus crédible que la conclusion mûrie d'un colloque de spécialistes. Pourquoi plus crédible? Parce que plus crue. Le public aime qu'on lui confirme que ce qu'il sent vrai l'est effectivement (par exemple, que les hommes politiques sont tous pourris, ou que Madonna est la femme la plus sexy du monde). Mais ce genre d'opinions ne passent à l'état d'évidences qu'après avoir été sanctifiées par un média. Ce que la télévision réalise à son niveau simpliste, la presse le fait à un niveau parfois plus subtil pour un public plus éveillé. Pour avoir raison, il faut donc disposer d'une audience, ou voir son opinion confortée par une instance. Avoir raison est un problème de communication, où l'art de persuader est sans importance au regard du lieu et du canal ayant permis au message d'atteindre son public. Partant de cette constatation qui figure dans tous les abécédaires de sociologie contemporaine, les esprits alertes et studieux devraient abandonner leur bureau pour rallier la cohorte des experts médiatisés. Qu'ils commencent par occuper les bonnes places dans la presse, ils auront toujours le temps ensuite de déterminer le contenu des opinions qui leur permettront d'avoir raison contre leurs confrères, encalminés dans leur laboratoire ou leur bibliothèque.

La télévision, ou l'art du mensonge sincère.

La télévision a fait monter en graine l'un des arguments les plus inattendus pour avoir raison, je veux parler de la *bonne gueule.* Il s'agit moins d'esthétique objective que d'une impression générale d'expressivité physique, concentrée dans les traits du visage et le son de la voix. Dès les premiers mots d'un débat, dès le premier tour de table, les téléspectateurs donnent leur adhésion plus ou moins consciente au participant dont la présence théâtrale domine le plateau. Tout le monde a en tête de ces émissions où le crétin de belle apparence l'emporte sur ses contradicteurs plus sensés, mais moins télégéniques. Bien que contesté par certains professionnels de l'audiovisuel, ce phénomène inégalitaire constitue une règle admettant peu d'exceptions*.

* Présentant l'émission où il s'apprête à recevoir de jeunes romanciers (5 février 1999), Bernard Pivot lance aux téléspectateurs : « Vous verrez, c'est passionnant de découvrir de nouveaux visages. »

J'entends bien que la dictature de l'apparence a existé avant la télévision. C'est une loi universelle et éternelle selon laquelle l'homme préfère donner son adhésion à celui qui le charme plutôt qu'à celui qui le convainc*. Je m'étonne que des gens intelligents, connaissant cette loi, foncent tête baissée dans la lucarne. Ou peut-être s'imaginent-ils que la Vérité, sortant de leur bouche comme du puits, daignera s'exposer nue comme une vulgaire *playmate*? C'est pousser la naïveté assez loin.

Le règne de la nécessité contraint chacun à agir avec les seuls atouts dont il dispose. Quand l'atout est à cœur, il est idiot d'essayer de le forcer avec du pique. Si vous n'êtes pas fait pour la parade, cachez votre vilain nez au lieu de l'exposer au ridicule d'une confrontation qui vous prouvera que la nature ne savait pas ce qu'elle faisait en vous imaginant. Rester dans son désert, c'est aussi une façon d'avoir raison.

Les personnalités anticathodiques ont une meilleure ressource que le suicide : le mépris. Le

* Du reste, charmer et convaincre sont souvent perçus comme synonymes.

mépris est une forme subtile (peut-être trop subtile) de subversion, qui consiste à dévaloriser l'esprit du temps, ses prophètes et ses caniches. Quand la majorité se prostitue, ces personnalités font vœu de chasteté médiatique. À la veulerie des concessions, elles opposent la pureté du désintéressement. Parce que l'intelligentsia officielle baigne dans le jus de l'insignifiance contemporaine, elles évitent soigneusement de se mouiller. Il fut une époque où elles se délectaient de *La société du spectacle* de Guy Debord, avant que ce bréviaire ne soit récupéré pour devenir l'un des plus paradoxaux monuments idéologiques de l'hypocrisie contemporaine. Pendant quinze jours, elles ont lu *Sur la télévision* de Pierre Bourdieu, le temps de réaliser que la sociologie militante ne choisit pas ses dupes, grâce à sa capacité virevoltante à en faire dans tous les camps.

Ceux que l'absence de notoriété rend sages malgré eux se retirent dans le fort Chabrol du mépris pour y faire leur salut. Mais leur solitude est bientôt si totale qu'elle tourne au ridicule. Car comment avoir raison à l'insu de tout le monde? Dans quel but? La satisfaction d'être en paix avec soi-même viendra bien assez tôt – au pire, sous la pierre tombale. La vie n'est pas faite pour cette paix, elle est faite pour guerroyer et pour convaincre. Si l'on a choisi la solution du mépris, il importe de le faire savoir – et comment mieux s'y prendre qu'en allant le clamer à la télévision?

L'étrange scène que celle du méprisant médiatique dénigrant médiatiquement les médias! Il est vrai qu'une contorsion ridicule vaut mieux, de nos jours, que le lent empoisonnement par l'aigreur dans la retraite et la solitude. Seuls, quelques primitifs animistes peuvent continuer à croire que l'on perd son âme en passant à la télévision. Les docteurs en médiologie affirment même que le petit écran révèle mieux la face cachée d'une personnalité qu'une interview écrite ou radiophonique. Ce nouveau truisme a convaincu maintes personnalités de prendre des leçons de cabotinage télévisuel, dont l'objectif est de savoir *rendre le mensonge sincère*. Art difficile, mais rentable, que de tromper son monde devant une caméra sans avoir l'air d'y toucher. Le jeu en vaut la chandelle, et je ne conçois personne qui puisse se targuer d'avoir toujours raison sans être passé à semblable école. À l'exemple des comédiens, il faut être capable de se dédoubler en maîtrisant l'écart. Plus difficile : il faut apprendre à saturer son être médiatique du sentiment que l'on veut faire passer, avec le faux naturel exigé par les lois du genre qui ne sont pas celles du théâtre, mais celles de la vie, telle que la conçoit le public des *reality-shows*. Cela demande de l'instinct et du travail. On ne s'y met jamais assez tôt.

Sincérité ou habileté.

Le débat télévisé qui opposa Jacques Chirac et François Mitterrand, lors des élections présidentielles de 1988, tourna à l'avantage de ce dernier, aux dires des observateurs politiques et selon les sondages réalisés le lendemain. On imagine que cette victoire du tenant de la fonction contre son challenger devait moins à la force des arguments qu'à l'image projetée. La crispation agressive de Chirac s'était heurtée à la souplesse condescendante du Président, tout en esquives et en sourires, et dont la parole verbeuse, rarement agacée d'impertinences, accentuait par contraste le caractère relativement sommaire et agressif des interventions du Premier Ministre. Il n'est pas jusqu'au fameux « redites-le moi, monsieur le Président, en me regardant dans les yeux! » lancé par Chirac, à un instant capital du débat, qui ne s'était retourné contre son auteur. De nombreux téléspectateurs prirent cette adresse personnelle pour une incongruité, presque une indécence, compte tenu de l'éminence des personnages. On ne se déballe pas en public quand on prétend diriger la France : c'est confondre le cabinet ministériel avec celui du psychanalyste. En somme, l'attaque déstabilisante de Chirac tourna court, en laissant à beaucoup une sensation de malaise.

Un tel débat nous apprend, parmi autre chose, que l'esprit de combat peut être plus faible que celui de consensus, et que la sincérité doit être maniée avec prudence dans ces sortes de joutes publiques. Avoir des convictions ne suffit pas à les légitimer. Tout le monde a des convictions, y compris les pires imbéciles. Quand on reste trop collé à elles, on ne convainc, très inutilement, que ses propres partisans, on renfrogne ses adversaires, et l'on agace les neutres, qui voient de la hargne dans votre passion*. L'agressivité démonstrative passe mal, car elle accen-

* Évidemment, il est plus civilisé de faire l'éloge funèbre d'un adversaire politique en soulignant que c'était « un homme de conviction », plutôt que de rappeler que c'était un teigneux. Mais c'est ce dernier qualificatif qui résonne dans les esprits.

tue le caractère subjectif de l'intervention, c'est-à-dire son aspect discriminatoire et potentiellement tyrannique. La justice veut la modération, au moins dans les formes. Les extrémistes sont généralement desservis par leurs braillements : on doit surtout craindre les fascistes avenants et les révolutionnaires policés qui annoncent avec un sourire de Bouddha l'avènement d'un monde où eux seuls auront le droit d'avoir raison.

C'est peu dire que les jeunes préfèrent la sincérité à l'habileté. À leurs yeux, l'homme habile est un hypocrite, un « vendu », bref, un salaud, alors qu'ils passent tout à la sincérité et à la spontanéité, valeurs parmi les plus appréciées à cet âge. Les démagogues ne se privent pas d'exploiter le filon. Ils savent se montrer opportunément *maladroits* devant un public adolescent, et parler en mettant leurs tripes sur la table. Tactique toujours risquée, car la démagogie dégage une odeur à laquelle les jeunes narines sont assez sensibles.

Il n'y a qu'une façon d'être sincère, il y en a cent d'être habile. Si l'on est vraiment sincère, on n'est pas habile. Les gens sincères sont plus percutants et mentalement plus pauvres que les gens habiles :

ceux-ci sont plus amusants, plus variés, plus rassurants surtout. Les protagonistes de certains débats donnent l'impression de ne pas arriver à choisir l'une ou l'autre option, au point qu'ils finissent par être maladroitement sournois. Dans le débat Chirac-Mitterrand, la signalétique, au moins, était claire*.

* Avec ce que cela peut comporter de caricature, favorisée par un média fonctionnellement simplificateur.

La politique, ou l'art de la comptabilité sociologique.

La politique est l'art de faire prendre aux citoyens des vessies pour des lanternes. Comme il y a beaucoup plus de vessies que de lanternes en ce monde, on a eu raison de définir la politique comme l'art du possible. C'est ainsi que la contrainte oblige les politiciens de bonne foi à agir en deçà de leurs promesses, quand ceux de mauvaise foi agissent à l'encontre. Ceux-ci nous trompent ; ceux-là ne font que composer avec la réalité des choses et l'irréalité des esprits. C'est que les citoyens exigent généralement l'impossible dans des délais irréalistes. Dans une société de sages, les gouvernants se contenteraient d'expliquer leur programme sans en cacher les lacunes, voire en regrettant publiquement leurs insuffisances dues au manque de moyens et aux particularités restrictives du contexte économique ou international. Les sages leur feraient crédit sans exiger d'intérêts. Une telle franchise semble bien risquée dans les sociétés démocratiques modernes où les électeurs continuent à croire au Père Noël, c'est-à-dire à l'efficacité quasi magique de l'action publique sur le bonheur de tous et de chacun. Si le but n'est pas atteint, c'est que les politiciens sont nuls, véreux ou entichés de principes périmés : ainsi pensent les peuples, et ainsi renversent-ils, à intervalles plus ou moins rapprochés, des majorités éphémères qui se refont une santé dans l'opposition.

Cet aperçu schématique montre que les politiciens ont raison de se méfier des peuples, et que ces derniers ont tort d'accorder plus de crédit aux opposants qu'aux gouvernants, au prétexte que leurs bulletins de vote n'ont pas suffi à apporter au pays la prospérité promise par ceux qui sont au pouvoir de fraîche date. Dans cette affaire, si l'on peut dire, citoyens et hommes politiques peuvent être globalement renvoyés dos-à-dos.

À y regarder de près, on voit cependant que les peuples sont des corps de plus en plus désarticulés, dont les membres tirent à hue et à dia. Il n'y a pas de volonté commune, seulement des convergences provisoires d'intérêts dont l'addition, à un moment donné, expulse une majorité au bénéfice d'une autre. La politique est une arithmétique. Calculette en main, les politiciens doivent faire le compte des intérêts corporatistes qu'ils souhaitent défendre, en défalquant ceux que leur programme ne peut entériner pour des raisons de principes, de tradition ou simplement d'incompatibilité*. Cela explique que la plupart des débats politiques se réduisent à des exercices de comptabilité sociologique, où les arguments sont sélectionnés en fonction de cibles électorales précises. Les partis ne cherchent pas à avoir raison dans l'absolu, ils veulent avoir raison sur des marchés déterminés de votants. Le clientélisme, il est vrai, ne date pas d'hier, mais tout porte à croire qu'on est loin d'en avoir fini avec lui.

* Encore assiste-t-on fréquemment à des accommodements contradictoires qui n'hésitent pas à promettre de défendre à la fois les patrons et les salariés, les chasseurs et les écologistes, les actifs et les retraités, les médecins et la sécurité sociale, etc.

Des Mémoires, ou comment avoir raison à titre posthume.

Si vous voulez avoir raison sans contestation contre un adversaire impuissant, écrivez vos Mémoires. On vous dira qu'il est lâche de publier une autobiographie pour régler des comptes, notamment lorsqu'il s'agit de liquider une vieille affaire sentimentale dans laquelle vous n'avez pas été capable de faire valoir votre point de vue sur le terrain, à la loyale. Cependant, la presse et l'édition font grand cas de ces revanches à retardement, à condition que l'objet en soit suffisamment crapuleux, et la méthode bien fielleuse et diffamatoire. Dans un monde idéal, donc naïf, on traiterait cette littérature de cradouillarde. Ne soyons pas naïfs, soyons réalistes, puisque nos sociétés nous l'intiment. Dénigrons nos anciennes amitiés et nos amours d'antan, bavons sur les chefs devant qui nous nous sommes trop longtemps couchés, accusons les politiciens pour qui nous avons si souvent voté, clouons au pilori nos vieux collègues, les profs de notre jeunesse, notre nourrice, nos parents et les parents de nos parents, fustigeons la religion dans laquelle nous sommes nés, hurlons contre l'idéologie dont nous fûmes les fervents propagateurs... Vient un moment, sur le tard de la vie, où il est bon d'avoir raison contre tous ceux en qui nous crûmes et tout ce en quoi nous avons cru. L'essentiel est de procéder à l'exécution avec talent car, comme on dit, le talent excuse tout, y compris la frénésie de fouler aux pieds ce qui fut peut-être le meilleur de nous-mêmes.

Il n'est jamais trop tard pour se renier.

On a tort d'avoir raison trop tôt, dit la rumeur. Quant à avoir raison trop tard, il se pourrait que celui qui vous le reproche soit lui-même un converti récent, un opportuniste de la dernière heure. Tel qui s'est rallié dans les années 80 aux idées libérales, après avoir déchiré sa carte du parti communiste, cite à tout bout de champ, vingt ans plus tard, Raymond Aron contre Jean-Paul Sartre. Ce lieu commun, qui fait le fond de la plupart des sauces philosophico-journalistiques, prouve que n'importe quelle médiocrité vaguement instruite peut se targuer d'avoir raison par procuration contre la statue terrassée, et définitivement muette, du Commandeur. Mais avoir raison de cette façon-là, n'est-ce pas ouvrir le droit à nos continuateurs de nous traiter un jour d'esprits opportunistes?

Reconnaissons pourtant l'avantage de ces renversements sur la fidélité bornée à une cause. Le changement d'opinion prouve une capacité d'adaptation proprement darwinienne. C'est un signe de souplesse intellectuelle, où l'objet de la pensée se subordonne à la pensée elle-même, démontrant qu'il vaut mieux être intelligent en disant une bêtise que stupide en défendant une vérité. Qu'est-ce qu'une idée ? Un radeau sur l'océan de l'incertitude. Pour éviter le naufrage, il n'est jamais trop tard de changer d'embarcation. Si vous voyez dans ce sauve-qui-peut quelque signe de trahison, apprenez à soulager votre conscience en faisant payer à autrui votre reniement. Reprochez-lui la tiédeur qu'il a mise à défendre pendant vingt ans la cause que vous avez épousée depuis trois mois. Démontrez-lui qu'il n'a pas su en sonder la profondeur, ni en tirer le meilleur parti face à des adversaires qui semblaient à sa main. Prouvez-lui que vous comprenez mieux que lui-même à quel point cette cause est juste et nécessaire, alors que la cause adverse, que vous vous souvenez à peine avoir défendue, est l'erreur incarnée. Soyez ferme : plus fort vous taperez sur la table, moins on percevra l'écho de vos admonestations passées. Du reste, gardez des forces pour une prochaine incarnation : qui sait ce que les circonstances vous porteront à défendre demain?

De la fidélité aux idées.

Personne n'est obligé d'être fidèle à une idée. Basta des donneurs de leçons qui vous fustigent parce que vous refusez de vous lier l'esprit aux rets d'une théorie particulière, ignorant que, sous toute idée, se cache un complexe de raisons orientées dans le même sens et nouées entre elles. Il n'y a pas d'idée solitaire : la plus simple traîne derrière elle un réseau théorique. Rester fidèle à une idée, c'est donc accepter un dogme, plus ou moins consciemment, et se mettre en situation de le bétonner à chaque échange.

Pourtant, l'inconstance intellectuelle a très mauvaise presse. Elle est généralement assimilée à de la faiblesse d'esprit ou à de l'opportunisme. Méfiance bizarre car, enfin, comment peut-on convaincre quelqu'un, ou se laisser convaincre par lui, si l'on n'accepte pas le principe de la « trahison des idées »? On dira qu'il y a une différence entre changer fréquemment d'idées – caractéristique d'un intellect volage – et se convertir exceptionnellement au point de vue d'un autre lorsque ses raisons paraissent meilleures. C'est avouer une certaine incapacité à polémiquer avec soi-même, à se départir seul de ses idées trop familières. Quel mérite y a-t-il à changer d'opinion, quand il y a nécessité à le faire sous la pression d'autrui ? En revanche, secouer son propre cocotier pour décrocher les idées qui ont fait leur temps, voilà ce que j'appelle la liberté d'esprit – laquelle, pour être vraiment crédible, devrait commencer par être appliquée à soi-même.

Quelqu'un a défini l'intelligence comme la faculté de comprendre les raisons qui sont opposées aux nôtres, donc d'être capable, au moins en théorie, de les défendre avec une certaine sincérité (pour autant qu'elles sont à un niveau acceptable). Eh bien, il faut admettre que cette forme d'intelligence ne court pas les rues ! La plupart des gens préféreraient couler avec leurs propres idées plutôt que d'être sauvés avec celles des autres. Chaque discussion polémique les enferme un peu plus dans leur bunker. Et l'on appelle ces débats des *échanges*!

Un tel état des lieux n'est pas fait pour donner confiance. La ruse est donc nécessaire. Par prudence, il vaut mieux entrer dans une discussion en donnant à entendre que rien, ni personne, ne nous fera admettre que l'on peut avoir tort. Même si l'on y défend une opinion fraîche de la veille, on la fera passer pour ancienne, et déjà mille fois exposée au feu. Ainsi inspirera-t-on le respect dû à la fidélité aux idées, cette vieille lune dogmatique qui excuse tout, notamment la paresse de penser.

Des querelles de ménage.

Pour qui aime observer les ruades de l'imbécillité humaine dans ce qu'elle a de plus généralisable, les étripages de couple sont de purs objets de laboratoire. Tous les détails y sont démonstratifs, jusqu'aux gnons distribués quand les arguments, cent fois assénés, ne marquent plus, contrairement à une bonne paire de baffes. Mais avant d'en arriver à ce qu'on pourrait appeler la péroraison finale, que de louvoiements tactiques ! Que de cruelles réminiscences de souvenirs que l'on croyait enterrés ! Que de rappels de petits faits sordides que l'on aurait juré être passés inaperçus ! Que de soupçons grotesques ! Que d'accusations démentes ! Que d'allusions empoisonnées ! Que d'interjections hystériques ! Toutes les figures de la mauvaise foi concourent à la réussite d'un beau crépage de chignons à l'intérieur d'un couple. C'est dire qu'ici, les prétextes psychologiques et les habillages moraux servent à peine à suggérer le décor de fond, dont le seul intérêt est de témoigner que l'on a affaire à une confrontation d'humains, plutôt qu'à une bagarre de porcs avinés.

Les querelles de ménage évoluent dans la surenchère, du desserrement de frein initial, quand la bile commence à s'échauffer, jusqu'au dévalement fou, accélérateur bloqué au plancher, sang-froid et lucidité par-dessus bord. Généralement, les premières répliques se chevauchent avec une vivacité de moins en moins contrôlée, sous-tendues par le désir ulcéré de part et d'autre d'avoir très vite le dernier mot. On notera que la qualité dialectique de ce type d'échanges est tout à fait marginale, les arguments ne pouvant se répondre puisque ceux qui les profèrent ne s'écoutent pas. Et pourtant, ils croient s'entendre, alors que ce ne sont que les échos de leurs propres fantasmes qui leur parviennent à travers le discours parasité du partenaire. *Dans une querelle de couple, les arguments ne s'annihilent jamais, ils s'accumulent.* Seule, la quantité peut faire la différence : aussi, n'importe quelle réplique est-elle bonne, n'importe quelle idée mobilisable, tout peut être dit et son contraire, l'essentiel étant de ne pas lâcher prise en espérant lasser le partenaire. Guerre d'usure, fatigante et laborieuse... Puis, soudain, l'accusation irréparable, qui fait jaillir le poison du cœur de l'intimité en péril, parfois déjà en agonie ! C'est l'instant où tout semble dit, où tout est joué, quels que soient par la suite les trésors d'hypocrisie qui seront dépensés pour masquer la blessure...

Ces querelles se terminent par des larmes, éventuellement des coups, presque toujours par une fornication plus ou moins forcenée, provisoirement refondatrice, réparation sans laquelle aucun couple ne tiendrait plus d'une heure après un tel affrontement. L'esprit sera à jamais blessé, mais la chair vivante. Aucun partenaire n'ayant eu raison contre l'autre, il ne restera qu'à recommencer...

Des regards.

Autant que possible, il faut éviter de fixer un adversaire droit dans les yeux. On ne se rend pas compte de la capacité déstabilisante d'un regard : c'est un peu comme une boîte magique dont le fond serait dévoilé, révélant le mécanisme secret du trucage. Soudain, la mauvaise foi partagée, sur laquelle repose l'échange, se fait visible et encombrante. Il devient impossible de continuer dans ces conditions, car une bonne confrontation, où chacun croit en ce qu'il dit, ne peut se dérouler qu'en trompe-l'œil. Ce qui est caché, c'est le combat des amours-propres ; ce qui est montré, c'est un face à face chevaleresque dont l'enjeu est censé dépasser les vanités individuelles et se situer sur le plan de l'idéal. Chacun, à la fois, le sait et ne le sait pas. Prendre le risque de se regarder droit dans les yeux revient à jeter bas la friperie idéaliste qui déguise les énergies agressives.

Il se pourrait d'ailleurs que l'hypocrisie sociale ait pourvu à l'inconvénient d'une lucidité involontaire. Elle a fixé devant chaque regard une taie qui ferme soigneusement le passage. Ainsi les protagonistes d'une joute peuvent-ils se tenir par la barbichette, les yeux dans les yeux, presque sans rire. Ils en deviennent sublimes, grandissant l'homme à la dimension d'un demi-dieu. Au lieu de figurer des coqs dressés sur leurs ergots et décidés à se déchirer la crête, ils donnent l'image magnifiée de duellistes honorables engageant le fer pour le triomphe de la Vérité. Avouons que ce tableau est plus plaisant à regarder que celui qu'il cache. La civilisation montre ici sa nette supériorité sur l'état de nature, pitoyable et dégradant.

Débats tactiques et débats meurtriers.

Il est rare qu'une discussion soit entièrement rationnelle. Si c'était le cas, les protagonistes en sortiraient renforcés, l'un par le sentiment de sa supériorité dialectique, l'autre par la leçon qu'il vient de prendre. Idéalement, tout débat devrait finir ainsi, en apothéose, sous les applaudissements de l'assistance. Or, pas un débat sur mille ne se modèle sur cet exemple de belle scolastique. C'est que la raison n'est jamais pure, mais toujours scoriacée par de l'affectif et de l'imaginaire. Cessons donc de nous leurrer sur l'objectivité censée protéger nos prises de bec contre les pulsions irrationnelles. Privée de pulsions, c'est-à-dire de moteur, la raison ne fonctionnerait tout simplement pas. Les arguments les mieux blindés tiennent et avancent par la force motrice de notre amour-propre.

Mais laissons la coulisse pour la scène des affrontements. Raison contre raison, le partage du butin final ne peut-il pas se faire dans des proportions égales pour les deux participants? Certains débats n'exigent pas qu'il y ait un vainqueur et un vaincu. Tout n'est pas affaire de logique : la raison ne se découpe pas forcément en parts entières et franches, et j'irai jusqu'à reconnaître du bout des lèvres que l'enjeu de toute controverse n'est pas obligatoirement d'avoir raison. Certes, certes... J'admets cette façon un peu biaisée de ménager la chèvre et le chou. À y regarder de près, pourtant, ces engagements sans vainqueur ne rappellent-ils pas les duels à fleuret moucheté, en salle d'armes, dont le but est de vérifier ses réflexes, d'automatiser ses ripostes, de travailler ses feintes, de préparer ses bottes, *avant de s'engager réellement sur le terrain*? Il devrait être possible de classer pareillement les débats en débats tactiques et en débats stratégiques, les premiers, apparemment inoffensifs, visant à préparer les seconds, vraiment meurtriers.

Mieux vaut avoir tort seul que raison
à plusieurs.

L'hystérie qui nous pousse à vouloir toujours avoir raison va jusqu'à s'accommoder de l'absence de divergences réelles entre interlocuteurs. Trois heures de chaud débat suffisent à peine, parfois, à révéler ce dont un témoin froid et désintéressé se serait avisé après trois minutes : à savoir que les preux, fumant de fureur dialectique, s'estoquent au sujet d'un point sur lequel ils sont absolument d'accord. On se sent un peu ridicule face à ces sortes de malentendus. On a bien tort. D'abord, parce qu'il n'est pas inutile de prendre la mesure de la relativité de tout désaccord par le constat que la pensée tient moins à la nature des idées qu'à la façon singulière dont chacun les appréhende, les porte et les exprime. Ensuite, parce qu'il est profitable de prendre également la mesure de la relativité de tout accord. Ainsi peut-on dire qu'en un point donné, deux intellects ne sont jamais parfaitement superposables, car la conscience, débordant l'intelligence, relativise les consensus obtenus par les seuls moyens de la raison.

Du reste, l'accord entre esprits est ennuyeux. Il ne m'arrive jamais de constater une convergence d'idées avec quelqu'un sans avoir envie de m'écrier, tel le beau-père de Labiche : « Mon gendre, tout est rompu ! ». Deux esprits qui s'affrontent sont comme deux roues qui s'engrènent : si un accord intervient, préludant à l'immobilité, ce ne peut être qu'en raison de leur usure réciproque. Les trop grandes coïncidences d'idées sont suspectes. À l'opposé de l'idéal prônant la convergence et l'entente (et dont le triomphe sonnerait le glas de toute volonté d'avoir raison seul), il me semble qu'un accord ne doit être qu'un armistice provisoire entre deux assauts. On peut se le permettre comme une étape réparatrice destinée à souffler avant de retourner au combat. Il n'y a donc pas lieu de s'affliger d'avoir discuté longtemps pour lever les malentendus qui masquaient un consensus de fait : ce consensus n'est, au fond, qu'un malentendu supplémentaire – et des plus compromettants. Au lieu de se jeter dans les bras l'un de l'autre en s'écriant, comblés : « Au fond, nous sommes d'accord! », il est préférable de reconsidérer soigneusement le point pour découvrir sous quel angle on a une chance de ne plus se comprendre. Les bonnes volontés trouvent toujours. Elles échappent ainsi au mauvais calcul selon lequel il vaudrait mieux avoir raison à plusieurs que tort seul. C'est l'inverse qui est vrai.

Contre l'engagement hystérique.

Qui a le plus de chance de l'emporter, de celui qui met tout son amour-propre dans l'issue d'un débat, ou de celui qui ne s'engage que partiellement ? Il semble logique de penser que le premier, s'exposant plus que le second, sera plus vulnérable, mais que sa fougue lui donnera un dynamisme supérieur. S'il gagne, ce sera moins par intelligence et calcul que par conviction et esprit de suite. Toutefois, avoir raison à la force de la volonté manque un peu de panache. Cela dénonce une absence de recul philosophique inquiétante. Il ne faut jamais avoir raison à la manière aveugle du taureau encornant le toréador. Vaincre ainsi, quel gâchis esthétique ! Mettons-nous plutôt du côté de l'amour-propre relatif qui accepte l'hypothèse d'une défaite personnelle, même s'il en conteste la probabilité. Cette partie ira au combat sans crispation, gagnera sans hystérie ou perdra sans râles tragiques. Elle nous est bien plus sympathique que son opposée. D'une part, capable de fair-play ; en outre, ironiquement détachée d'un enjeu, sujet à être évalué ou dévalué selon la façon dont on le considère. C'est pour avoir oublié la relativité de tout investissement humain que des individus se font hara-kiri ou se brûlent la cervelle à la suite d'une débâcle dialectique. (Ce pathétique suicidaire est lié à des traditions nationales. Peu concevable en France.)

De la volatilité française.

En français, le verbe *avoir* introduit une lourdeur dans le débat. *I am right*, par exemple, est plus essentialiste que *j'ai raison* qui insiste sur l'aspect accapareur de l'argument. Ainsi, nous accordons-nous le droit d'*avoir* raison tout en *étant* dans notre tort. Flibustiers de la vérité, agioteurs prêts à spéculer sur la raison pour lui faire rendre le maximum... Nous avons la raison pour nous, comme nous pouvons avoir l'opinion pour nous ou notre conscience avec nous. Mais cette frénésie possessive concerne à peine notre être. Fondamentalement, notre personnalité ne s'implique pas. La lutte pour avoir raison est d'autant plus âpre que la raison, en quelque sorte objectivée, est un bien que l'on s'arrache, au lieu que l'identification de l'être et de la raison (*I am right*) fait dériver l'affrontement vers une lutte de personnalités, plus décisive. Dans ce dernier cas, le perdant perd jusqu'à son âme. Il perd la face, comme disent les Chinois pour signifier une déroute intime. Les Français qui, paraît-il, craignent le ridicule, n'engagent que la pointe du fer, et s'ils se font ravir par l'adversaire leur titre à posséder telle vérité, ils se consolent avec une autre. Royauté, république dictatoriale, césarisme, anarchie, totalitarisme, parlementarisme..., nous avons presque tout essayé en matière politique, convolant avec un régime, puis avec un autre, toujours sûrs d'avoir raison, le temps de changer. Si nous *eussions été* raison, au lieu d'*avoir* raison, notre histoire ne donnerait pas l'apparence d'un laboratoire d'essais, et un personnage aussi emblématique que Talleyrand serait une monstruosité plutôt qu'une figure pittoresque et attrayante de nos mœurs politiques. La même volatilité se retrouve dans nos modes idéologiques et artistiques, qui périment l'une après l'autre les meilleures raisons d'avoir eu raison contre les prédécesseurs. La polémique est un genre merveilleusement acclimaté chez nous. Tout penseur ou artiste aspirant à la notoriété doit revêtir l'armure d'un théoricien combatif pour espérer célébrer la victoire sur le cadavre des idées d'autrui. Mais quand son tour est venu d'abaisser le drapeau, il ne se croit pas tenu de s'immoler : tout au plus se renie-t-il.

Sur les cadavres de nos ennemis.

On ne peut concevoir la moindre pensée sans presque aussitôt l'adosser à quelque certitude. L'esprit a besoin de se sentir en terrain ferme pour se rassurer sur l'efficacité de ses opérations. Il n'est pas facile d'imaginer un individu soumis au doute constant : on ne voit pas ce qui fixerait ses idées, comment et par quoi elles se tiendraient les unes aux autres et, surtout, le long de quel axe et vers quel sud ou quel nord il les orienterait. Il existe une sorte de nécessité psychologique à ce qu'une pensée naisse en l'état dogmatique, qui est l'état de l'affirmation. Nous commençons donc par penser que nous avons raison, car si nous n'en décidions pas d'abord pour nous-même, dieu sait qui le ferait pour nous !

Les raisons que nous nous donnons de penser une chose plutôt qu'une autre ne sont qu'apparemment rationnelles. Nous pensons avec notre corps, avec nos humeurs, notre complexion nerveuse, nous pensons avec nos préjugés familiaux et sociaux, et ce n'est qu'accessoirement que nous nous référons à des règles expérimentales ou logiques. Lorsque nous défendons un point de vue, nous nous défendons d'abord nous-même. Nous sommes les mercenaires de nos préjugés. Au nom de quelle raison supérieure pourrait-on nous convaincre d'abdiquer notre propre identité? Changer d'avis sur une question importante n'est envisageable que si la différence entre les deux points de vue s'inscrit elle-même dans l'angle plus ou moins fermé de notre moi, ce territoire tellement surdéterminé que l'on peut se demander si c'est bien nous qui pensons ce que nous pensons, et si ce que nous appelons notre liberté n'est pas simplement le moyen de fournir un peu de jeu aux mécanismes serrés de notre esclavage.

Cette pensée est assez désagréable, et pour la réfuter, l'on aimerait avoir raison contre soi-même. Une façon d'y parvenir est d'apprendre à penser contre soi, à démolir systématiquement ses propres croyances, à se moquer de ses convictions. L'auto-ironie peut d'ailleurs servir de leurre pour attirer les autres dans le marais du doute, où ils s'enfonceront à leur tour s'ils ont le moindre sens de la dérision. Dans neuf cas sur dix, la manœuvre risque pourtant d'échouer, car même les esprits larges ne tiennent pas à lâcher toute certitude. Ils se cramponnent au fameux paradoxe : si le sceptique ne croit en rien, il croit au moins qu'il ne croit en rien. Ce viatique philosophique les raffermit dans le choix qu'ils ont fait de la prudence. Du reste, ils sont eux-mêmes très minoritaires dans un univers infecté de dogmatisme.

Garder suffisamment de sang-froid pour s'autoironiser devient de plus en plus difficile. Peut-être faudrait-il être seul au monde pour y parvenir, tant les autres ont vite fait de vous ôter les raisons de lutter contre vous-même. Tôt ou tard, il faut tourner les armes contre eux, car ce n'est que sur les cadavres de nos ennemis que nous pouvons sans risque nous laisser aller à notre inclination à ne pas nous prendre au sérieux.

Contre la paix intellectuelle.

Il est sans conséquence d'avoir raison contre la volonté d'un contradicteur, cela vaut souvent mieux qu'avec son accord. Par tendance et par goût, l'esprit est batailleur, souvent chicanier, il ne se soucie guère des armistices, ni même des gains assurés. Tel polémiste ardent serait foudroyé dans sa course si la cible qu'il poursuit de ses attaques furieuses venait tout à coup à lui manquer. Son fiel inutilisé l'étoufferait, le surplus de ses forces se retournerait contre lui, faute d'objet extérieur à défier. Nous en sommes tous là, vrais batailleurs ou faux pacifistes. Priver notre rage d'avoir raison du prétexte qui la justifie, c'est priver de combustible une chaudière en pleine montée de puissance. L'une des vérités difficiles à admettre est celle-ci : nous cherchons moins à avoir objectivement raison contre autrui qu'à nous persuader que tel est notre vœu le plus cher. Pour que l'illusion soit crédible, l'opposition d'autrui est indispensable afin d'échauffer notre désir de l'emporter. Le cerveau serait une masse morte s'il ne puisait pas son énergie créatrice dans la contradiction. Sans pôle négatif, l'arc électrique ne se formerait pas. Aussi voit-on les limites de toute métaphore glorieuse qui offre à l'esprit fort le don d'une victoire dont il n'a que faire. Une bonne défaite vaut mieux, car elle génère le besoin de revanche. Elle fait reculer l'horizon, alors que l'individu, assis en potentat sur une pyramide de raisons vaincues, voit le monde se rétrécir à la médiocre dimension d'un amour-propre comblé et sans objet. Il est vrai que l'univers est toujours assez grand pour d'autres conquêtes : on n'a jamais fini d'avoir raison. Tant que l'homme sera en vigilance, il portera ou il cherchera la contradiction. La paix intellectuelle n'est pas avec lui.

Logique masochiste.

Lorsque, dans une discussion, quelqu'un lance : « il faut être logique! », soyez à peu près sûr, qu'une fois sur deux, il s'apprête à s'en abstenir lui-même. Les débatteurs les moins cohérents ne se privent pas de placer leurs inconséquences sous le patronage de la Logique : ils l'invoquent d'autant plus qu'ils ne la respectent pas, comme certains dévots font avec leur dieu.

Un embryon de logique serait pourtant indispensable dans une discussion prétendument rationnelle. Il devrait respecter au moins le principe d'identité, en proposant des définitions claires des concepts utilisés, et le principe de non-contradiction. Ce minimum n'est pourtant presque jamais appliqué, car il bute sur l'idée confuse ou, au contraire, trop déterminée, que chacun se fait des notions discutées. C'est d'autant plus vrai que ces notions sont plus universelles et semblent donc mieux connues. Liberté, justice, progrès, être humain, société, citoyen, beau, bien, vérité..., autant de pièges à définition et à logique dans lesquels les esprits viennent s'enferrer. À concepts brumeux, échanges oiseux.

Logiquement, la Logique, qui devrait avoir réponse à tout, ne répond donc à presque rien. Dans la réalité, hors des sermons, les logiciens sont des gens incompréhensibles, d'ennuyeux maniaques. Il est impossible de les approcher sans s'accrocher à des arêtes ou se prendre les pieds dans des brides. Inutile d'essayer de polémiquer avec eux : à peine a-t-on ouvert la bouche, qu'on doit rendre compte du volume d'air aspiré et de l'aloi des mots prononcés, outre le déductif, inductif, disjonctif, et autres petites monstruosités du formalisme, destinées à vous dégoûter d'avoir jamais raison.

Comme l'a très bien dit Nietzsche : « Penser conformément à la définition des théoriciens de la connaissance, c'est une chose qui n'arrive jamais ». En tant que technique, la Logique ne regarde pas la vie, mais les mathématiques et l'axiomatique. Ce qui regarde la vie, c'est la faculté de persuasion qui n'a pas besoin de règles rigides. La persuasion a besoin de chaleur, alors que chacun sait qu'il n'y a pas plus froid et plus coupant que la Logique. Malgré ce profil au rasoir, ou plutôt grâce à lui, il faut être reconnaissant à la Logique de nous donner envie de la fuir. On sait au moins à quoi l'on échappe – à des moments de contention atroce et de chirurgie intellectuelle exercée sur nos idées et sur leur enchaînement. Qui voudrait avoir raison à si mauvais compte? Le masochisme a des limites.

De la bonne utilisation des procédures.

Ce sont les gens les moins sûrs d'eux qui n'ont de cesse de déplacer les débats sur le terrain de la méthode. Selon quel ordre les intervenants vont-ils parler? Combien de temps? Sur quel chapitre? Dans quelles limites?, etc. Avec eux, les considérations de procédure dominent sur le fond. Ils ne vident pas les questions, ils se contentent d'en prendre la mesure.

Cette façon de tourner autour du pot peut paraître exaspérante. D'un autre côté, sans règle du jeu, on court le risque d'assister à une mêlée anarchique, à une sorte de bagarre au gourdin où chacun tape au petit bonheur la chance. Des deux inconvénients, lequel faut-il préférer?

Les pugilats dialectiques, tels qu'on en vit sévir, par exemple, dans les amphithéâtres en mai 68, laissent une image grotesque de réunions confuses et tumultueuses, dont les participants conserveront longtemps la honte. On n'assiste pas à de tels combats de chiffonniers sans en ressentir du mépris pour soi-même, et du ressentiment vis-à-vis de ceux qui vous ont entraîné dans ce cloaque. Sans compter qu'il est très déplaisant de se faire aboyer dessus par plus enragés que soi. On sort bourbeux de ces débats, et comme sali par sa propre morve.

Comparez ces échauffourées aux nobles passes des colloques ouverts à la contradiction, mais fermés aux disputes, au cours desquels on entend les mouches voler. Il est certain que le risque de somnolence en est accru et que, si l'organisation de la salle le permet, il y a bientôt plus de regards tournés vers les fenêtres, où les cimes des arbres se détachent sur un ciel pommelé de beaux nuages en forme de poires ou d'escargots, que rivés sur l'estrade centrale en haut de laquelle se démène intellectuellement le préposé aux préliminaires. Chaque participant met son point d'honneur à bâiller sourdement avant de prendre la parole, et à ronfler plus ou moins discrètement après l'avoir rendue. Les contributions se succèdent selon un ordre minutieusement fixé, suivant des balises méthodologiques précautionneusement posées, et dans un cadre thématique rigide. On croirait assister à l'élaboration difficultueuse d'un traité de paix entre des nations plus sûres de leur bon droit que de la force de leur armée. Pour éviter une conflagration générale hasardeuse, toute précaution a été prise : le fond des problèmes ne sera pas abordé. Il le sera ultérieurement… ou jamais. Pour l'heure, on en reste aux prolégomènes, on se contente de piétiner dans le vestibule.

À quoi peuvent servir ces colloques? À faire circuler des idées? Oui, mais en chaussons de liège, afin de ne pas réveiller les belligérants, qui préfèrent se tailler des croupières à distance, par livres interposés, plutôt que de s'énucléer en public comme des voyous. Lorsqu'ils se sépareront, ils pourront se congratuler mutuellement, se féliciter du caractère incomparablement brillant de leurs interventions, et trinquer ensemble à la santé de l'intelligence civilisatrice. Peut-être n'y croiront-ils qu'à moitié, mais c'est une moitié qui n'est pas dédaignable quand on tient à maintenir une haute idée de soi.

L'Histoire est-elle une science?

La volonté d'avoir raison contre un subalterne est une obligation implicite de la fonction. Un chef qui reconnaît ses torts abaisse le principe de supériorité hiérarchique au niveau d'une simple règle de circonstance. Il laisse deviner l'arbitraire de sa position dominante et entrouvre la possibilité d'une interchangeabilité des rôles. Il faut être madré comme Napoléon pour faire semblant de se rallier à la raison du nombre. Ainsi, se vante-t-il, à Sainte-Hélène, d'avoir quelquefois accepté la règle majoritaire au conseil d'État contre sa propre opinion. Mais c'est pour mieux montrer que l'esprit démocratique dont il fit preuve en ces circonstances, se rappelant qu'il était un homme de la Révolution, était un gage accordé à sa réputation contre ceux qui l'accusaient de tyrannie. Au moment des revers, l'Empereur ne manqua pas de rappeler leurs

« erreurs » à ses conseillers. Au regard de l'Histoire, c'est lui qui avait eu raison, bien que des nécessités psychologiques et tactiques l'eussent obligé à laisser croire le contraire. Du reste, tout le *Mémorial* n'est qu'un monstrueux alibi.

« Est-ce ma faute si j'ai toujours raison? », s'exclament les dictateurs habitués à voir plier devant eux la foule des courtisans. Jusqu'à un certain point, les événements eux-mêmes semblent fléchir le genou. Aldous Huxley disait : « Tout événement ressemble essentiellement à la nature de l'homme qui le subit », parole d'une grande profondeur qui éclaire l'aveuglement inouï de bien des acteurs de l'Histoire. L'objectivité des faits est le masque dont se parent la subjectivité militante des acteurs et la subjectivité angoissée des témoins. Lorsqu'il atteint un certain degré de complexité, l'événement focalise un ensemble inextricable de sens contradictoires. Son objectivité se ressent de la forme particulière que prend son appréhension plus ou moins scientifique. Éternel débat : l'Histoire est-elle une science? La rigueur de ses méthodes n'épuise pas le fond de perplexité que les grands événements recèlent aux yeux de ceux qui les étudient. Borodino a bien été une victoire, mais dieu sait par qui elle fut remportée!

La Science est-elle une science?

Un scientifique affirmait récemment que la principale motivation des chercheurs est de prouver qu'ils ont raison. Avoir raison, disait-il, voilà le but que se donne tout physicien, tout mathématicien, tout biologiste, etc. Plus il désire avoir raison, plus sa recherche a de chances de produire des résultats. Dans ce sens, il n'y a pas de recherche « désintéressée », bien que l'intérêt commun finisse par profiter de l'implication individuelle, à l'exemple de l'économie dont la réussite globale résulte de la conjonction des égoïsmes particuliers. On peut supposer que, comme tout le monde, les scientifiques ne se moquent pas de la notoriété, de l'avancement professionnel ou de la richesse. Mais ils les acceptent comme la récompense logique du fait d'avoir eu raison avant leurs confrères, voire contre eux, tout autant que contre les apparences trompeuses du réel. Depuis toujours, un bras de fer s'est engagé entre la Nature et les hommes. Certes, la Nature n'est ici que la métaphore d'une volonté qui n'existe pas, encore que les hommes agissent comme s'ils avaient une revanche à prendre sur elle. Mais pas plus que la Nature n'existe, la Science n'existe. Elle n'est que l'hypostase d'une réalité constituée de labeurs particuliers, chacun étant centré autour d'un seul projet : avoir raison le premier, avoir raison le plus longtemps possible, jusqu'à ce qu'une autre raison impose son actualité. Comme le conatus spinoziste, chaque raison scientifique cherche à persévérer dans son être. Certaines rayonnent longtemps, d'autres n'ont que la consistance éphémère de feux follets. L'histoire des sciences ressemble à un champ illimité où quelques raisons éternelles veillent sur un cimetière toujours plus peuplé de raisons défuntes. Tableau du plus bel effet devant lequel tout scientifique fait ses dévotions avec, au fond de lui-même, le désir ardent de figurer un jour parmi ceux qui, comme Copernic ou Einstein, eurent raison contre la raison de leur temps.

De la mécanique émotionnelle des idées théoriques.

La plupart des idées sont des opinions. Celles qui revêtent un caractère scientifique n'échappent pas à la relativité de la doxa. Il est toujours intéressant de savoir pourquoi l'on défend telle idée plutôt que telle autre, quelle compatibilité cachée entre un esprit et une doctrine pousse le premier à se dévouer pour imposer la vérité de la seconde. Inversement, le rejet d'une théorie relève, au moins en partie, de raisons clandestines personnelles*. Ce qui nous convainc, ce n'est pas uniquement la pertinence de l'idée, c'est aussi l'espèce de sympathie intellectuelle que nous éprouvons pour elle et, parfois, l'attirance esthétique qui nous la fait préférer à d'autres.

* Voir, par exemple, le *dégoût* qu'ont ressenti beaucoup de contemporains d'Einstein devant la théorie de la relativité.

Si nous pensions à cela lors d'une confrontation savante, le débat perdrait de sa rigueur apparente, mais gagnerait en franchise et en couleurs. Au lieu de nous cacher derrière l'hypocrite objectivité de la science, nous comparerions les motivations subjectives du choix de chacun, épreuve passionnante, bien qu'aléatoire. En effet, si nous savions ce qui nous incite subjectivement à embrasser la cause d'une théorie particulière, nous risquerions de nous déprendre d'elle, pour la même raison que nous cessons d'aimer une femme ou un homme quand nous savons trop bien pourquoi nous en étions amoureux. Sans doute vaut-il mieux rejeter dans l'ombre la mécanique émotionnelle qui actionne inconsciemment notre intelligence théorique, afin de conserver à cette dernière la possibilité de revendiquer le parrainage d'une Raison transcendante et prétendument désintéressée.

Des subjectivités aux sectes.

Existe-t-il encore une Raison universelle? Certainement, au musée de la Philosophie. On peut y admirer cette reine détrônée qui se targua, pendant plusieurs siècles, de gouverner les habitants du monde, du moins ceux dotés d'un cerveau guidé par la logique. Comme elle fut rayonnante à l'époque de sa splendeur! Aujourd'hui, elle a le teint plombé des merveilles flétries. C'est grand dommage pour nous qui espérions en la résurrection d'une Raison unificatrice faisant régner l'ordre et l'harmonie dans les esprits. Mais trêve de nostalgie, puisqu'il faut tourner la page, ouvrons le nouvel inventaire... Quel bric-à-brac! Pas une seule pensée singulière au niveau d'une autre! Des subjectivités qui se regardent en chiens de faïence, chacune dans sa niche! Plus de mère Raison, mais des petites raisons sauvages et indisciplinées qui n'ont de cesse de se chercher des poux dans la tête ! Est-ce l'effet d'un libéralisme du chacun pour soi et que le meilleur gagne ? La liberté se paie décidément très cher, et l'on peut parier que ceux, de plus en plus nombreux, qui ne la supportent pas, vont s'inventer des disciplines communes, des catéchismes rassembleurs, au nom de l'ancienne raison, mais désormais usurpée. Voilà comment l'on passe des subjectivités aux sectes. Au demeurant, toute agglutination vaut esclavage, sans pour autant régler le problème d'un retour mythique à une impossible universalité. Mieux vaut encore avoir tort seul qu'à plusieurs !

La clarté, idéal rustique.

Cioran, qui s'y connaissait, disait qu'il n'y a pas pire malheur pour un auteur que d'être compris. L'adage vaut pour toute personne impliquée dans une querelle où le choix formel des mots importe autant que le contenu de la dispute. La clarté, idéal rustique, singularise les idées, les identifie et en fixe fermement les limites. Or, toute idée est faible par quelque côté. *Il n'y a pas d'idée imprenable.* C'est étaler étourdiment le plan de la forteresse devant les yeux de l'ennemi que de lui montrer en pleine lumière les moindres redans de la position défendue. Sur le plan tactique, cette erreur est difficilement parable, du moins si l'on a affaire à un débatteur habile. Sur le fond, il y a là comme un péché contre l'esprit : laisser croire que l'on a fait le tour d'une idée, quelle vanité ! Il faut conserver aux idées la souche vivante par laquelle elles s'irriguent dans des profondeurs intellectuelles, par définition obscures, fragiles et complexes. D'où la supériorité et la richesse intarissable de certains aphorismes, comparativement au développement laborieux du didactisme.

Il est bon de ne pas être tout à fait compris, encore meilleur parfois de ne pas l'être du tout. Interloquer l'adversaire revient à l'inquiéter et à égarer ses repères. Limite extrême du brouillage : le *koan*, déstabilisateur, agaçant, destructeur ou obstétrical, selon la qualité du disciple. Dans une querelle où les partenaires luttent à armes égales, l'obscurité est un avantage pour celui des deux qui a des yeux de chat. Je ne propose pas de sombrer dans le pot au noir du galimatias, ressource des esprits brouillons et pesants, mais d'évoluer dans le clair-obscur de l'allusif. Soit, l'autre ne comprend rien – cas trop courant –, et vous pouvez le tenir pour un adversaire indigne de vous. Soit, il croit comprendre, et quelle poursuite haletante dans le labyrinthe, enténébré et semé d'embuscades, de la chicane subtile !

Contre les longueurs de la raison.

La raison raisonneuse s'étire interminablement, entassant les arguments comme pour étouffer toute velléité de contradiction. Elle bâtit ainsi de grotesques forteresses dont chaque partie est la garante de la partie connexe, en même temps que l'excroissance mécanique d'une totalité illusoire. Pas de discours qui n'en annonce un suivant, pas de livre sans suite, un processus interminable et monstrueux vers une conclusion toujours fuyante... Quelle vérité viendra jamais à bout de toutes les raisons qu'on lui oppose? Même la contradiction la plus absurde demande à être combattue et anéantie : or, l'absurdité est infinie, c'est une hydre dont chaque bras arraché repousse presque aussitôt. Les tâcherons de la raison triomphante n'ont pas compris l'inanité de leurs efforts; ils ne voient pas comment tant d'accumulation de preuves finit par desservir leur cause. On a envie de leur dire : si vous avez raison, qu'avez-vous besoin de vous justifier à perte de vue? Ne disposez-vous pas d'un argument décisif? N'avez-vous pas dans votre panoplie une preuve bien concluante qui vous dispensera de nous écraser sous des tombereaux de démonstrations supplémentaires?

On ne peut avoir raison à si gros prix. Une raison bien organisée tient debout avec un minimum d'étais. Il faut savoir choisir les quelques armes avec lesquelles on se battra, et les quelques arguments bien trempés que l'on opposera incessamment aux adversaires. Certes, ils ne s'en contenteront pas, étant dans la disposition à poursuivre le débat jusqu'à l'épuisement. Que le diable de la controverse les emporte, nous ne les suivrons pas! Faisons court, soyons brefs : n'alanguissons pas nos raisons dans d'interminables échanges. Opposons un sang-froid dédaigneux aux bourrasques verbeuses de la contradiction. D'aucuns peuvent estimer que ce stoïcisme n'a pas par lui-même valeur de preuve, et qu'il est un peu facile d'abandonner si vite la partie. C'est possible. Mais l'attitude inverse est pire car, au ridicule de l'insistance, elle ajoute la bêtise de n'avoir pas compris que ce qui ne se prouve pas en une heure ne se prouvera pas mieux en une vie.

De l'inanité des explications.

Si les raisons d'autrui vous paraissent obscures, dites-vous que les vôtres ne le sont pas moins à ses yeux. Que cela ne vous oblige pas à accabler le monde d'explications : expliquer revient souvent à délayer dans l'insignifiance ce qu'une croyance avait de plus ferme ; c'est ouvrir le poing pour libérer du vide. Si l'on insiste en vous sommant de vous expliquer quand même, prenez l'air profond et parlez d'autre chose. Il ne faut jamais s'empresser de donner à autrui des éclaircissements qui le conforteront dans l'idée que vous raisonnez de travers. Soyez lapidaire, obscur, voire un peu mystérieux ; vous vérifierez la supériorité d'une telle attitude sur celle qui s'épuise en verbiage, révélant la médiocrité et le caractère superficiel de tout raisonnement relâché.

Je n'ai rencontré personne de plus profond que ce vieillard aveugle et sourd-muet, assis en tailleur sur une paillasse, au milieu d'une foule de bavards gesticulateurs. Je n'ai pas vu cette scène en Inde, où je ne suis jamais allé, mais peut-être au Maroc, au cinéma ou dans un rêve. On aurait eu beaucoup de mal à me convaincre qu'il ne s'agissait pas d'un sage, recelant en lui quelque secret ultime sur le destin de l'humanité bruyante qui l'entourait. Peut-être était-il l'allégorie même. Je crois que si Aristote en personne était venu lui faire la leçon, improvisant devant lui une rhapsodie philosophique pleine de virtuosité et de profondeur scolastique, c'est mon homme qui aurait paru sage et le Stagirite qui aurait eu l'air d'un danseur de claquettes. Mieux vaut encore se couper la langue que de trop l'agiter ; mieux vaut se crever les yeux et se mettre des bouchons de cire dans les oreilles que d'assister aux acrobaties ineptes d'un de ses semblables hystériquement motivé par le désir de prouver que ses jugements ne sont pas arbitraires. Et quand bien même ils seraient fondés ? Ses jugements sont les siens, pas les vôtres. Vous avez vos raisons, lui les siennes. Mais de les exposer au grand jour, comme un fripier ses étoffes, il a pris le risque d'en éventer la substance, d'en décolorer la teneur. Il vous a donné le droit de faire la moue en pensant : « ah, ce n'était que cela! ». Maintenant que ses magasins sont vides, il lui reste la ressource de vous supplier de sortir à votre tour de votre réserve. Il a eu la main, vous aurez le jeu.

De l'importance du contexte.

Absolument parlant, toute raison peut être meilleure qu'une autre à un moment déterminé, bien qu'elle soit plus faible la plupart du temps. Par exemple, l'idée de dictature politique ne vaut généralement rien comparée à celle de démocratie, mais l'Histoire a montré que dans des circonstances extrêmes, quand règne l'anarchie et que les libertés individuelles ne sont plus respectées, les raisons qui poussent à la suppression des libertés publiques, au nom de la sécurité, peuvent connaître un regain justifié. En littérature, l'idée de soumettre le sujet romanesque à des procédés qui le rejettent au second plan, voire le font disparaître, me semble d'une faiblesse avérée, et pourtant, l'école du Nouveau Roman a su brillamment faire triompher ses raisons pendant une vingtaine d'années. On ne peut donc pas juger les idées définitivement, et hors de tout contexte. Sauf exception, il est même risqué de ne pas tenir compte d'un certain rapport de forces objectif, indépendant de notre volonté.

À titre d'exercice, le débatteur peut s'amuser à faire varier la perspective selon des angles qui donneront à la raison qu'il compte défendre plus ou moins de plausibilité. Il ne faut pas voir dans cette gymnastique dialectique un jeu gratuit, une sophistique sans portée. Quiconque désire penser librement doit en passer par là : c'est l'une des bonnes méthodes de relativité pour apprendre à ne pas être dupe des préjugés dominants, et partant, d'autrui. En contrepartie, reconnaissons que la dextérité mentale ainsi acquise ne nous protège pas contre le risque accru d'être dupe de nous-même. Mais sait-on ce qui le ferait?

Des aphorismes.

Le refus de prendre une idée au pied de la lettre est-il subtilité ou lâcheté? Subtilité pour celui qui émet l'idée, avec le pouvoir de jouer sur une pluralité de sens : il appelle cela de l'ambiguïté créatrice. Mais lâcheté, refus de la formulation nette et de la pensée claire, pour l'auditeur. De là naît une double difficulté de comprendre et d'être compris. L'émetteur d'idée veut conserver la liberté de se contredire, ou de se redire différemment; pas question d'être esclave d'un sens univoque. Mais pour le récepteur, cette liberté n'est que ruse et échappatoire. C'est miser sur plusieurs chevaux qui ne courent pas dans le même sens, afin de se donner assez de marge pour, le cas échéant, dire le contraire de ce que l'on vient de dire, sans tout à fait le dire, tout en le disant.

En théorie, l'avantage se situe du côté du producteur d'idée ; en pratique, c'est souvent l'inverse. En effet, l'auditeur n'est jamais en reste pour opposer au beau parleur quelques-uns des aspects dérivés, et provisoirement caducs, de l'idée en discussion, prenant ainsi à son propre piège le démonstrateur trop rusé. « Vous dites A. N'est-ce pas plutôt B que vous voulez dire, ou C, ou D ? Est-ce C ? Mais tout à l'heure, vous disiez B, qui supposait A, lequel contredit C et D ! Mon cher ami, voilà un peu trop d'idées sous un seul chapeau ! Vous avez besoin de vacances. »

Le chat devient souris quand il ne réussit pas à fasciner son auditeur par le mirage d'une pensée louvoyante et micacée, échappant au tronçonnage logique. À ce jeu, les plus forts sont les fabricants d'aphorismes, maîtres en l'art de la prestidigitation dialectique. Un aphorisme ne cristallise pas une idée, mais plusieurs. Il n'a pas le même statut logique qu'une pensée développée qui exprime successivement, et non simultanément, différentes choses, sorte de colonne en marche dont on peut attaquer séparément chaque maillon, alors que l'aphorisme oppose à son contradicteur la solidarité de ses facettes multiples. On comprend le succès des énonceurs professionnels de maximes sibyllines dont la profondeur tient moins à l'obscurité de sens qu'à la capacité de mue perpétuelle. Je mets au défi quiconque de prendre en faute un aphoriste talentueux. Talent rare, qui suppose de maîtriser les formulations sentencieuses sans tomber dans le ridicule. On l'est sans rémission si, au lieu d'improviser, l'on se contente de citer, à l'exemple des amateurs de proverbes dont le psittacisme imbécile est un classique du théâtre de boulevard. Mais si l'on est vraiment capable d'inventer sa propre rhétorique, montrant en cela un don intellectuel incontestable, on peut prétendre aller loin dans le projet d'éblouir ses semblables.

De la simplicité.

Dites à un interlocuteur trop sûr de lui : « rien n'est simple », et le voilà vous soupçonnant de chercher à l'égarer. C'est qu'il tenait sa vérité bien en main, il croyait la connaître sous toutes ses faces et ses figures : rien ne lui paraissait plus aisé que de vous en refiler une réplique au prix fort – mais non, vous jetez le trouble sur la belle simplicité de sa conviction, tel Hercule Poirot flairant le crime sous l'innocence. Pour la plupart des gens, simplicité et honnêteté sont synonymes : refuser la simplicité, c'est se complaire dans le demi-mensonge, favorable à tous les escamotages d'idées. Et il est de fait que la force d'une vérité tient beaucoup à sa simplicité apparente, c'est-à-dire mémorisable et itérative. Il est donc normal de se méfier des coupeurs de cheveux en quatre qui finiraient par vous faire aimer l'ignorance (bien que l'ignorance ne soit, elle-même, qu'une accumulation géologique de vérités abusivement simplistes). Lancer à quelqu'un : « ce n'est pas si simple ! » est toujours assez risqué : on donne l'impression de vouloir l'entraîner au fond d'un bois pour abuser de lui.

L'autre pourrait répliquer qu'il n'est pas si simple d'être simple. Une simplicité de bon aloi, loin d'être le résidu d'une simplification outrancière, est le produit épuré d'une réflexion concentrée sur l'essentiel. Économe de ses moyens, Dieu utilise peu de lois pour faire fonctionner l'univers : la théorie physique est simple, si son incarnation matérielle ne l'est pas. On pourrait en dire autant de la plupart des vérités intellectuelles et morales – simplicité du principe, complexité de l'illustration concrète. Cet écart est à l'origine de nombre de malentendus portant sur cette fameuse simplicité. Il s'agit de savoir de quoi l'on parle. Mais demandant de préciser si l'on se situe sur le terrain de la théorie ou sur celui de la pratique, vous risquez de passer pour un faiseur d'embarras. Car, dans toute discussion complexe, par exemple politique, les deux se trouvent mêlés sans que l'on sache très bien si c'est le principe qui informe la réalité, ou la réalité qui dégage le principe. On peut s'en sortir en privilégiant à tour de rôle le doctrinal et l'empirique, comme on sépare à l'école la leçon des exercices. Par exemple, dans un premier temps, on débattra du concept de « l'égalité des chances » avant, dans un deuxième temps, de s'étriper à propos de ses réalisations scolaires et sociales plus ou moins abouties. Mais on s'apercevra vite que *ce n'est pas si simple*, compte tenu du caractère lourdement scolastique de la méthode. Du reste, comparativement à la complexité du réel, n'importe quelle discussion est trop simple : on est à peu près sûr d'avoir raison en le faisant remarquer. D'un autre côté, la légitimité de l'intelligence humaine ne réside-t-elle pas justement dans sa fonction simplificatrice, qui consiste à subsumer un nombre illimité de phénomènes sous un nombre limité d'idées et de lois? Il se pourrait que, comme d'habitude, deux vérités apparemment contradictoires coexistent sous le même toit. On défendra donc l'une ou l'autre selon le désir plus ou moins vif que l'on aura de contredire l'interlocuteur et de prolonger la discussion, compte tenu de l'heure tardive et de l'état du bar.

La double méprise.

Dans une controverse orale, le dosage de la parole et du silence est un art. Celui qui parle trop semble douter du bien-fondé de ses raisons. Occupant lourdement le terrain, il laisse au contradicteur l'avantage de la réplique acerbe, du bon mot dévastateur qui ébranlera l'édifice rhétorique surchargé d'arguments et empêtré de ratiocinations. Personnellement, confronté à un discoureur – et dieu sait qu'on en croise partout, de ces péroraisonneurs de comptoir –, je dégage le terrain au premier échange. Quitte à passer pour pusillanime, je préfère de beaucoup me renfrogner dans l'attitude de l'auditeur paralysé par le sentiment de son infériorité, car je sais que mon silence est un leurre, qu'il masque ma liberté d'esprit et que je peux, à mon aise, *transformer en personnage* le beau parleur. Cette ruse mentale manque de loyauté. Mais elle est le prix tactique à payer face aux pachydermes de la controverse qui vous écrabouillent sans ménagement sous prétexte qu'ils ont raison contre votre discrétion et vos répliques pincées. Laissons-les s'engager à découvert. Qu'ils ébranlent l'air de leurs discours ! Il n'est même pas besoin de parler pour retirer d'un coup le tapis de sous leurs pieds : souvent, un sourire suffit à les renverser sur le cul, dans une poussière d'arguties brisées. L'ironie est une manière de guérilla.

Voilà une situation dessinée selon un modèle un peu idéal. Elle suppose pas mal de fanfaronnade d'un côté, et presque trop de finesse de l'autre. La réalité n'est pas aussi académique. Contrairement à l'apparence, l'éléphant est un animal intelligent qui ne se risque pas en terrain inconnu. C'est ainsi que dans une discussion à jeun, il est rare qu'un partenaire débite son point de vue sans solliciter notre approbation. Un silence prolongé de notre part nous disqualifierait. L'usage de l'ironie à mauvais escient serait pire : il pointerait la prétention minable d'utiliser un moyen qui nous dépasse. Il faut donc retenir comme une sorte d'obligation psychologique la nécessité de répliquer à intervalles plus ou moins réguliers dans une discussion dont l'enjeu nous importe, sauf si notre vis-à-vis est par trop au-dessous du niveau minimum souhaitable. Dans ce dernier cas, il n'y a aucune raison de se gêner pour lui éclater de rire au nez ou, ce qui revient presque au même, pour surenchérir dans le sérieux affecté. En choisissant la componction caricaturale, on ne choisit pas forcément la voie de la facilité. Le jeu peut s'éterniser, l'ennui gagner ; enfin, il faudra conclure sans pouffer. Il existe même un risque de jouer le rôle du dupeur dupé : comment décider qui, de lui ou de nous, s'est moqué de l'autre ? Le quiproquo, qui assure à chacun la victoire par l'établissement ironique d'une symétrie rappelant un jeu de miroir où le reflet devient aussi réel que l'objet, ne vaut pas qu'au théâtre. La double méprise constitue l'une des possibilités les plus excitantes du rapport à autrui. Combien de fois ne m'est-il pas arrivé de douter après coup d'avoir été le farceur de la farce comme je l'avais cru d'abord, tout en songeant qu'à cet instant, l'autre se posait peut-être la même question que moi ?

Un bon mot vaut mieux qu'un mauvais discours.

À quoi bon se fatiguer à étudier, à analyser, à réfléchir, puisque l'on peut capter l'approbation des autres en faisant un bon mot? Un calembour, servi tout chaud au milieu d'une discussion tiédasse, vaut n'importe quel raisonnement en trois ou en douze points. L'humour est le procédé le plus efficace pour renverser une situation dialectique qui ne tournait pas à notre avantage. En déstabilisant l'esprit de sérieux, il ouvre une échappée sur le fond absurde de toute controverse : vouloir convaincre autrui de quoi que ce soit, n'est-ce pas, en effet, un projet insensé, sachant qu'autrui n'a rien de plus prioritaire que de nous rendre la pareille? Aussi suffit-il de faire rire l'assistance pour dévoiler l'absurdité de la confrontation. Une pointe ironique, un mot d'esprit vous tranchent net le tendon sérieux de la discussion. Tout ce qui pesait d'un côté et de l'autre s'écroule d'un coup. Il a l'air malin celui qui croyait l'emporter, appuyé sur ses trois tonnes de références!

Je connais un farceur, maître dans l'art du crochepied dialectique. Il a appris par cœur le dictionnaire des citations humoristiques et a fort étudié Pierre Dac. Son grand plaisir est de participer à des débats publics sur des sujets cosmiques, tels que : « Le troisième millénaire verra-t-il la disparition de l'Homme? » ou : « Le concept de transcendance a-t-il encore sa place en philosophie? ». Sa préoccupation est de transformer le cosmique en comique. Sachant que le public de ce genre de débats est principalement constitué de professeurs et d'étudiants guindés, peu portés sur la rigolade, il se fait une tête de circonstance et écoute les orateurs en fermant les yeux. Puis, quand le public est enfin autorisé à intervenir, et qu'il le sent légèrement excédé d'avoir été confiné dans le silence trois heures durant, il s'arrange pour prendre la parole et lâcher l'un de ces calembours qui dériderait n'importe quelle salle constipée. Son succès est généralement proportionnel au degré de ressentiment accumulé par l'assistance à l'encontre d'orateurs payés pour se donner la satisfaction de faire la leçon à des gens qui en savent bien autant qu'eux. Ses bons mots vengent le public fatigué d'être resté silencieux quand il aurait eu tant à objecter. Si vous voulez rendre la monnaie de leur pièce à des orateurs trop brillants, faites venir mon ami : il les déquillera d'un coup, à l'instant des applaudissements conclusifs.

La dérision est tactiquement recommandable à ceux qui éprouvent de la difficulté à aligner logiquement plus de deux arguments. Elle n'est pas fatigante et elle fait rire. En outre, vous paraîtrez toujours plus profond avec un bon mot qu'avec un mauvais discours, voire qu'avec un discours excellent, qui a toutes les chances d'être, pour cela même, jugé prétentieux. Les orateurs barbants ont compris le truc : les plus malins concluent généralement sur un bon mot censé racheter le reste, prouvant ainsi que l'humour est aussi la politesse des gens ennuyeux.

Du bon usage des slogans.

Bien que la casuistique sévisse encore ici et là, dans des domaines et devant des auditoires spécialisés, l'époque se prête de moins en moins à l'exercice de la glose subtile. La plupart des contemporains, abrutis d'informations, ont l'oreille dure et l'intelligence lourde. Il est devenu difficile de se faire entendre sans porte-voix. Il est à peu près impossible d'être remarqué sans faire les pieds au mur. Les arguments trop finement calibrés n'ont aucune chance de porter : ce sont des pépins de raisin en lieu et place de boulets de canon. Il n'est plus temps de regretter l'époque, peut-être mythique, où l'on pouvait se faire comprendre à mi-voix et à demi-mots, où la place d'une virgule dans un texte, ou d'un silence dans un discours, changeait tout. Aujourd'hui, si vous n'avez pas répété vingt fois la même chose, c'est comme si vous n'aviez rien dit. À quoi bon les sous-entendus, les allusions légères, la brillance équivoque du style qui donne à la phrase l'apparence délicate d'un feuilleté de sens superposés ? L'intention ne sera pas perçue et, si elle l'est, ce sera à votre désavantage, vous serez accusé de sournoiserie. Pour être dans l'esprit du temps, qu'il soit clair qu'il faut écrire et parler simple, rapide, direct et gros.

On n'ira donc pas chercher midi à quatorze heures, et l'on se gardera des ambiguïtés conséquentes aux réserves, parenthèses et nuances dans le raisonnement qui nuisent à son efficacité. Un bon slogan, énergiquement asséné, donne les meilleurs résultats, car il se mémorise facilement. Or, la mémoire est le chemin le plus court vers la vérité : plus elle est automatique, plus la vérité qu'elle projette dans la conscience ressemble à une évidence spontanée. Imaginez s'il fallait remonter de nouveau, à chaque occasion, les longues chaînes de raisons qui maintiennent les vérités au bercail ! Le cerveau humain est une mécanique de précision qui ne résiste pas à un usage immodéré. On soulage sa charge de travail en en affectant une partie à sa fonction réflexe. C'est joindre l'efficacité à l'économie, le moindre effort étant aussi celui qui présente la meilleure rentabilité. N'ayons donc pas mauvaise conscience de puiser largement dans les facilités que nous offre le confort intellectuel moderne. Si le terme slogan gratte un peu, habillons-le de quelque vêtement d'éloquence, compatible avec la capacité de compréhension de l'auditoire.

De la répétition.

Pour finir par avoir raison, il convient de beaucoup répéter. Une idée assénée pénètre à la longue dans les cervelles, même si elle est passablement tordue. La résistance qu'on lui oppose s'émousse sous la répétition, et l'on se surprend un jour à avoir l'idée à la bouche. Depuis toujours, les propagandes utilisent grossièrement ce genre de forcing avec une efficacité indéniable. Pour le reste, il suffit de pointer les lieux communs à la mode : beaucoup ne sont que des clous qu'on nous a enfoncés jusqu'à la garde. Indépendamment de leur caractère plus ou moins vérifiable, telles idées semblent s'être logées dans les esprits grâce à une familiarité abusive : que la concurrence profite toujours aux consommateurs, que le libéralisme économique est le seul système fiable, que le chômage est désormais endémique, que la droite n'est jamais assez à droite et la gauche jamais assez à gauche, que la communication moderne n'est pas envisageable hors Internet, que l'usage de l'ordinateur dans les écoles sauvera l'éducation, que le XXIe siècle sera religieux, etc. Sur dix idées publiques, huit ou neuf ont été imposées par matraquage. Seraient-elles vraies, nous ne les avons pas domestiquées nous-mêmes, ce sont elles qui nous ont assaillis de force. Comme disait un Ancien, un fou qui crie qu'il fait jour en plein jour n'en est pas moins fou. Répéter ce qui se dit, même si ce qui se dit est vrai, relève du simple psittacisme tant que l'on n'a pas décortiqué soi-même l'idée et essayé d'en vérifier le bien-fondé.

La répétition d'idées dans les débats est devenue si courante que, généralement, personne ne surprend plus personne. Chaque protagoniste devine d'avance ce que l'autre s'apprête à lui opposer, et ce que lui-même opposera à cette opposition. La plupart des débats finissent avant d'avoir commencé. C'est un peu comme si se rejouait éternellement la même partie d'échecs avec le même résultat nul. Imaginons un homme politique se présentant sur un plateau de télévision avant un débat et lançant à son adversaire : « Mon cher, nous devons nous chamailler aujourd'hui à propos du chômage. Bien entendu, toi qui es dans l'opposition, tu vas insister sur la dégradation de l'emploi chez les ouvriers de plus de cinquante ans dans l'industrie du bâtiment, tandis que je ferai valoir, au contraire, l'amélioration relevée dans la catégorie des femmes de moins de trente ans du secteur des services. Mais tu contesteras ma statistique et moi la tienne, nous nous enverrons des références à la figure, tu établiras alors une comparaison avec deux pays européens meilleurs que nous, j'en établirai une autre avec deux pays européens moins performants, et, bien sûr, nous convergerons pour souligner que les situations nationales ne sont pas comparables, sauf celles qui servent notre point de vue. Tu reprocheras au gouvernement de manquer d'énergie et d'idées originales en appliquant des recettes périmées contre le chômage. Je te ferai remarquer que, sous tes gouvernements successifs, le chômage s'est accru de 10 % par an, etc. Faut-il continuer? Les téléspectateurs doivent être las de ces rediffusions constantes. Si nous tenons vraiment à redonner de l'intérêt à l'émission, évitons le dogmatisme. Par exemple, je peux m'affliger de l'incapacité du gouvernement auquel j'appartiens à faire diminuer notablement le chômage malgré nos promesses, soulignant que la légère amélioration chez les femmes de moins de trente ans du secteur des services est le fruit d'un hasard de conjoncture, auquel nous sommes malheureusement étrangers. Tu protesteras : « non, vraiment, le gouvernement auquel je m'oppose fait son possible. Si nous étions au pouvoir, nous ne ferions pas mieux, le passé le prouve. Pas plus que vous, nous n'aurions réussi à inverser les mauvais chiffres concernant les ouvriers de plus de cinquante ans du bâtiment : la frilosité de la demande et l'absence de dynamisme du patronat sont les seuls responsables. » Voilà comment, cher ami, nous pourrions redonner de l'intérêt à nos rencontres, au lieu de rejouer un scénario archi connu, qui ennuie le public autant que nous-mêmes, et donne des débats politiques une image lourdement archaïque. »

Ne rêvons pas. Le cerveau humain est une machine à redites. Il fonctionne la plupart du temps sous basse tension, se contentant de reproduire des simulacres d'idées, gagés sur des idées jadis originales, devenues avec le temps des abstractions dévitalisées. C'est le prix à payer pour se forger un nombre illimité de convictions sur à peu près tout, sans avoir le loisir de les vérifier, chacune occupant cependant une place attitrée dans notre système général de réflexion. Plus nous avançons en âge, plus le projet de redéballer la malle pour en examiner le contenu nous paraît au-dessus de nos forces. Il y aurait trop à faire, outre le déplaisir d'avoir à nous renier. Du reste, le marteau est à double bascule : plus on enfonce les mêmes idées dans la tête des autres, plus on les fixe en soi-même. Parfois, je rêve d'un clone qui ferait ma propagande, tandis que je batifolerais dans une prairie d'idées virginales et étranges, *que je ne reconnaîtrais pas.*

Des deux espèces d'originalité.

Faut-il être original pour être convaincant? Il peut sembler paradoxal qu'une époque aussi conformiste que la nôtre choie l'originalité. Heureusement, l'idée assez niaise qu'elle s'en fait donne à chacun la possibilité de s'en prévaloir à moindre prix. Pourquoi ne pas en profiter?

Produit de bazar, l'originalité moderne constitue l'un des accessoires les plus intéressants de la panoplie du personnage public. Par elle-même, elle n'est pas un argument, plutôt un excipient destiné à faire passer la pilule. L'essentiel est de choisir le type d'originalité admise par le plus grand nombre. On commencera par regarder ce que font les autres, comment ils s'habillent, comment ils bougent, comment ils parlent, ce qu'ils lisent, leurs goûts artistiques, musicaux, politiques, ce qu'ils disent et ce qu'ils taisent, etc. On en dressera aisément un stéréotype que l'on s'efforcera d'imiter, *sauf en l'une de ses parties*. Dans cette proportion, on peut prétendre être original, alors qu'en prenant le contre-pied de tout, on passerait pour cinglé ou cynique. L'originalité n'est payante que comme adjuvant pittoresque au conformisme. Elle ne doit pas mettre ses bases en péril, seulement les ébranler légèrement : il s'agit de jouer à faire peur, pas d'effrayer vraiment. Une bonne partie de notre culture est fondée sur cet équilibre judicieux. Ceux qui en font trop se déconsidèrent, ceux qui n'en font pas assez n'existent pas. Pour obtenir un résultat, il faut doser l'impertinence, mesurer l'excès, pousser jusqu'aux limites du tolérable en se gardant de les franchir.

Il existe diverses catégories d'originalités, réparties en deux grandes espèces : l'originalité d'apparence, l'originalité d'idées. La première, qui regroupe tout ce qui a trait au corps et au comportement, a une visibilité sociale nettement supérieure à la seconde. La démocratisation de l'enseignement aurait dû redonner un coup de fouet à l'originalité intellectuelle : il semble qu'à force d'abus, elle en ait, au contraire, émoussé le tranchant. Pas une semaine sans article vantant l'originalité d'une pensée ou d'un ouvrage, à telle enseigne qu'on finirait par avoir faim de pensées banales et d'ouvrages communs! Comparativement, l'originalité d'apparence présente une certaine fraîcheur, due peut-être à la naïveté persistante du public qui se laisse encore séduire par des bizarreries d'habillement, de maquillage, de ton ou de comportement. Au demeurant, qui veut faire une carrière médiatique ne doit jamais oublier que l'image qu'il projette est un produit manufacturé à partir de matières premières peu raffinées.

Indispensable culture.

La culture est des plus utiles pour forcer une décision concernant un point de discussion incertain. Je parle de l'usage des références et des citations, croûte superficielle de la culture sous laquelle ne se cache pas toujours grand-chose, mais qui offre l'avantage d'enrober joliment certaines formes d'ignorance, empâtées de mémoire livresque. J'ai connu des personnes habiles à impressionner les publics naïfs auxquels elles servaient des citations d'auteurs et des titres d'ouvrages rares comme autant de canapés de caviar et de foie gras. C'était le luxe mis à la portée des indigents, incapables de distinguer l'authentique du toc. Moi-même, je me suis souvent laissé prendre à de tels simulacres, quand les discussions portaient sur des sujets qui m'étaient étrangers, ou que je considère comme difficiles, telles la biologie ou l'astrophysique. Il m'est arrivé de m'intéresser à cette dernière de façon non approfondie, mais suffisante pour détecter les absurdités qu'on me présentait comme des vérités acquises. Parfois, deux ou trois lectures de science, de droit ou d'économie suffisent à lever les masques : vous devenez un véritable savant, comparativement à celui qui tâchait de vous impressionner grâce à un article de presse parcouru, il y a six mois, dans une revue de vulgarisation.

Si l'on relevait systématiquement les contresens, non-sens, approximations, absurdités, contrevérités, paradoxes, etc., émis chaque jour dans les discussions réputées sérieuses, on serait sans doute sidéré par l'effronterie presque générale des parleurs qui se donnent pour connaître mieux que quiconque tels sujets de prédilection, grâce à un minuscule bagage de culture mal assimilée. La parade la plus adaptée serait de réserver son jugement jusqu'à ce que l'on ait pu vérifier les assertions douteuses. Malheureusement, le procédé demande du temps et entraîne une suspension provisoire de la dispute qui risque de vous être imputée à charge. Vous passerez pour un lâche abandonnant le terrain, ou pour un ignorant qui paye maladroitement son intrépidité à engager un débat sans préparation. Ce genre de mêlée ne se règle pas à froid. Il est rare que l'on prenne en considération, après coup, un argument nouveau, même s'il réfute la conclusion prétendument victorieuse qui vous avait envoyé au tapis. Il n'y a pas d'appel quand il s'agit d'avoir oralement raison.

Les disputes écrites offrent, certes, la possibilité des repentirs et des retours d'assaut, sans effacer tout à fait l'impression défavorable au vaincu de la première manche. En somme, il est préférable de ne pas se laisser surprendre, quitte à improviser une réponse lorsqu'on se sent dangereusement assailli. Celle-ci doit revêtir l'apparence de l'affirmation la plus engagée, si possible garantie par l'autorité d'un auteur. Il vaut mieux s'abriter derrière un ouvrage difficile, mais notoire, qui prouvera votre profondeur d'esprit tout en dissuadant l'adversaire de le discuter, encore plus d'y aller voir. Abus de confiance? Qui sait, avec un peu de chance, vous aurez retrouvé une pensée réellement présente dans le livre en question. Ce hasard est fréquent avec les auteurs abscons ou métaphoriques. De la Bible à Lacan, d'Aristote à Teilhard de Chardin, du Tao tö king à Hegel et à Heidegger, d'Héraclite à Freud*…, autant de monuments de culture labyrinthiques, dont la visite n'est jamais terminée, et en lesquels on peut faire provision de vérités multiples et contradictoires. Bien entendu, on n'oubliera pas les poètes qui fournissent les meilleures clausules pour parachever une démonstration.

* Chacun complétera.

Statistique décisive.

Lorsqu'une discussion ne tourne pas à notre avantage, il reste, en dernier ressort, à placer une statistique. Les médecins de Molière avaient le grec et le latin ; nous avons les statistiques et les sondages. Jadis, la pédanterie était éloquente ; désormais, elle est sèche et scientifique. Une courbe montant ou descendant dans le sens de notre opinion fait plus pour notre cause que trois heures de bavardage. Il faut s'adapter aux travers du temps et former son esprit à l'argumentation par abscisses et ordonnées, plutôt que par syllogismes. Si vous êtes amateur de polémique, retenez par cœur une dizaine de chiffres basiques, ayant un rapport avec les sujets qui vous intéressent. Il peut être habile de choisir des chiffres peu cités, voire étonnants, qui provoqueront chez l'adversaire un mélange de surprise et de scepticisme, le forçant à mettre en doute la véracité de votre statistique. Il vous sera alors aisé de montrer vos sources (qui doivent être incontestables), coup fatal grâce auquel la victoire vous sera brillamment acquise.

Cette tactique présente un avantage qui doit retenir l'attention des débatteurs de niveau médiocre. Elle permet de donner l'impression que l'on a eu le dernier mot quant au fond du désaccord, alors qu'en réalité, on ne l'a peut-être emporté que sur un point marginal, mais *chiffré*. Aussi ne faut-il jamais accepter que le contradicteur, battu par la statistique, amorce un mouvement d'écart visant à reprendre la discussion sur un autre terrain en prétextant que sa déconfiture ne touchait pas au fond. Prenez la précaution de conclure votre tour mathématique par un tonitruant CQFD, qui claquera énergiquement la porte du débat au nez de l'adversaire.

Le hasard ne faisant pas toujours bien les choses, s'il arrivait qu'aucune des données numériques apprises par cœur ne s'applique à la matière en discussion, vous pourriez payer d'audace en inventant un chiffre. Cela donne parfois d'excellents résultats, à condition d'avoir affaire à un vis-à-vis assez naïf pour vous croire sur parole sans exiger une vérification immédiate. À la rigueur, on peut se permettre d'avancer un chiffre invérifiable, par exemple quelque sondage publié il y a trois mois dans une revue spécialisée. Mais c'est, du même coup, offrir le nul à l'adversaire, tout aussi capable que vous de citer un sondage improbable contredisant le vôtre.

Depuis longtemps, tout le monde sait que les sondages, au pire, sont manipulés, et, au mieux, ne constituent que des instantanés de l'état de l'opinion. Si l'on craint de s'embourber dans ces inévitables lieux communs, mieux vaut abandonner les sondages pour les statistiques qui, elles, ne mentent pas*. Leur caractère scientifique est attesté par tous ceux qui les utilisent à l'avantage de leur théorie. Néanmoins, sans possibilité de citer une source incontestable, il n'est pas acquis que l'on puisse clouer le bec au contradicteur. En matière statistique, le mensonge est quand même un pis-aller.

* Bien qu'il n'y ait pas plus menteurs que les chiffres, 96 % des humains continuent à les croire forgés dans du platine iridié.

De l'excès tactique.

Les codes de bonne conduite prohibent l'excès et prêchent la modération. C'est un point de vue qui se discute. Je suis de ceux qui estiment que, pour convaincre, on n'en fait jamais trop. La plupart des gens dont le point de vue est opposé au vôtre se laisseraient plutôt rôtir la plante des pieds que d'essayer vraiment de comprendre ce que vous avez dans la tête. C'est ce qu'ils ont, eux, dans la créance qui les intéresse exclusivement, même s'ils vous laissent vous exprimer de temps à autre pour reprendre leur souffle et préparer mentalement de nouveaux arguments. Dans ces conditions, discuter sagement revient à faire des moulinets d'épée devant la bouche d'un canon. N'imaginez pas que vos cliquetis perceront la surdité des artilleurs. Seul, l'excès peut les perturber.

Supposons que vous désiriez défendre une position moyenne : commencez par vous positionner sur la crête la plus extrême, d'où vous avez toutes les chances d'être aperçu. Poussez jusqu'au paradoxe, exagérez, grossissez, bref, provoquez l'adversaire, histoire de lui faire perdre son sang-froid. Vous saurez que cette première phase a réussi quand il semblera réellement s'intéresser à ce que vous dites, c'est-à-dire quand il manifestera des signes d'indignation. Alors, il sera temps d'en rabattre en lui laissant croire que votre retraite tient à son habileté. La satisfaction qu'il en tirera peut même aller jusqu'à vous concéder un peu plus qu'il ne l'aurait voulu et que vous auriez osé espérer. Cette tactique est certainement grossière. Mais personne ne peut douter de son efficacité, surtout pas les professionnels des négociations en tous genres, diplomatiques, politiques, économiques ou sociales, qui l'appliquent depuis toujours, selon la formule : exiger plus pour obtenir suffisamment.

De l'excès en général.

J'ai de la reconnaissance pour les esprits excessifs. Grâce à eux m'apparaissent des points de vue extrêmes que ma modération naturelle m'aurait tenu cachés. En fait, il se peut même que cette modération s'alimente aux excès d'autrui. J'ai besoin de ces excès pour parcourir le réel entre ses différents points cardinaux.

Par exemple, je trouve un grand fond de vérité au rationalisme fanatique, à l'intellectualisme jusqu'au-boutiste, voire au logicisme pur et dur qui récuse tout discours irréductible à une formalisation de type mathématique. Wittgenstein me fascine. Lorsque Julien Benda montre en quoi le style littéraire n'est qu'une « succession de petites tricheries de la pensée avec elle-même », je vois bien qu'il touche un point crucial qui ruine tout espoir d'écrire jamais quelque chose d'absolument exact.

Si ces penseurs ont raison dans leur extrémisme logique, c'est une large part du discours humain qui se trouve, d'un coup, démonétisé.

À l'autre extrême, je me laisse séduire par la profondeur des pensées énigmatiques, dont on ne sait pas précisément ce qu'elles veulent dire, bien qu'on le comprenne intuitivement. Certains ouvrages de Maurice Blanchot, par exemple, répondent à cette fascination. J'y vois un excès de poétisation du langage analytique, un hermétisme du commentaire à l'opposé de l'exigence de clarté positiviste *. Mais l'« obscurité » de Blanchot n'induit-elle pas une imprégnation métaphorique qui a son sens, sa profondeur et son charme, et à laquelle un esprit réputé rationnel peut aussi être sensible ?

Appliquée à ces sortes de choses, la modération laisserait intacts les points les plus délicats du fonctionnement de l'esprit humain. C'est lorsque le trait est accusé qu'apparaissent les contradictions et les dilemmes. Flaubert prétendait qu'un écri-

* Dans ses *Carnets*, Cioran parle de « la logomachie admirablement torchée » de M.B., de « ses phrases merveilleuses, oraculaires et vides ».

vain doit travailler vingt fois chacune de ses phrases; Léautaud qu'il ne doit pas se relire, ni même consulter de dictionnaire. Deux excès qui ne se neutralisent pas, mais opposent deux thèses inconciliables, bien que défendables l'une et l'autre. On peut pencher le lundi pour Flaubert, et le mardi pour Léautaud.

Dans toute discussion, les extrémistes apportent une sorte de clarté tranchante, utile au débat. Cependant, il faut également tenir compte de la possibilité d'être excessif dans la modération, à l'exemple de Montaigne qui pousse parfois la nuance si loin qu'on ne sait plus ce qu'il pense exactement. Il nous apprend ainsi à nous méfier de la *modération intransigeante*, tout aussi ruineuse pour la notion de vérité que le fanatisme intellectuel. L'excès n'est pas toujours là où on l'attend : attention aux sages qui, au nom de la mesure, finissent par aplanir toute idée saillante et par recouvrir de sable les pistes les mieux tracées. Avec eux, il y a risque de tout perdre, à commencer par la compréhension de notre propre point de vue.

Comment contrer un butor.

Les stratèges nous expliquent qu'il faut savoir plier pour éviter de rompre. Il va de soi qu'un minimum de souplesse est requis dans un engagement. Encore est-il indispensable que l'adversaire épouse le mouvement. Que faire lorsqu'il faut affronter un esprit raide comme un piquet? Les feintes n'ont pas d'effet sur lui, se produisant à vide, sans point d'appui. Il est difficile d'être habile face à un butor! J'en connais de très intellectuels, cerveaux puissants mais tellement alourdis par l'érudition qu'il est impossible de les entraîner dans une danse un peu subtile. À quoi bon préparer des leurres pour essayer de les attirer sur le terrain souple des échanges rapides et légers : ils ne les remarquent même pas! La vivacité s'exerce en pure perte; les sous-entendus sont des cartouches mouillées. Il est réellement pénible de jouter avec un tonneau plombé ! Lassé d'enchaîner des tactiques incomprises, on en arriverait à se demander s'il n'est pas préférable de lui voler carrément dans les plumes ! Or, c'est là où il vous attend, l'épais animal ! Dans une collision frontale, il sait que son poids fera la différence, le poids de son esprit lourdaud, lesté d'arguments blindés contre lesquels les finesses s'écrasent comme des mouches. Surtout, abstenez-vous d'un face à face aussi meurtrier, mieux vaut encore une partie nulle. Néanmoins, il ne faut pas renoncer trop vite à déséquilibrer le monstre. Plutôt que de l'attaquer à la masse, avec l'espoir de finir par réduire ses gros raisonnements en gravats – entreprise fatigante et digne de Sisyphe –, pourquoi ne pas tenter une attaque de type bactériologique ? Le virus doit être introduit suffisamment tôt pour avoir le temps de produire ses effets destructeurs à l'insu du porteur. Il ne peut s'agir que d'une idée vibrionnante, de l'espèce sceptique, grignotant la cervelle du butor jusqu'à ce que la fièvre du doute le ronge de l'intérieur, l'amenant à se contredire. Incapables de dialectique, les gros esprits, qui n'ont jamais admis le rôle vital de la contradiction, s'effondrent assez facilement dès qu'ils en produisent une. C'est qu'ils sont faits d'une pièce, et que la moindre paille glissée dans leur acier en ravage la cohésion. J'admets que cette belle tactique est plus facile à recommander qu'à pratiquer. D'autant qu'il n'y a pas de modèle universel d'idée sceptique, il n'y a que des occasions particulières d'en improviser en situation. À titre d'illustration, on peut aller voir dans Platon comment Socrate introduit l'antinomie et la dissonance dans le cerveau plus ou moins épais de ses interlocuteurs, comment il les « retourne » en les obligeant à choisir entre des thèses apparemment inconciliables. La force de Socrate n'est pas tant dans la supériorité intrinsèque de ses opinions que dans son habileté rhétorique à mettre la pression au moment et au point de l'échange choisis par lui. Au fond, il nous prouve qu'il n'est pas si compliqué de déstabiliser un esprit incapable d'assimiler ses propres contradictions.

Comment manipuler un public.

Considérés collectivement, les hommes sont plus bêtes que pris individuellement, loi connue. Dans un tête-à-tête, il convient de respecter son partenaire, mais cette règle de conduite n'est plus aussi indispensable dans un débat public où il s'agit de disposer les masses en sa faveur.

Il y a quelques années, un politicien avait payé des figurants pour l'applaudir lors d'un meeting. En bon professionnel, il avait compris que si une claque ne rend pas la pièce meilleure, elle rend les spectateurs mieux disposés à lui trouver des mérites. Le mimétisme est le ressort principal pour mouvoir les foules dans le sens de l'enthousiasme, du respect ou de la haine. Même devant un petit public de trente personnes, il reste quelque chose de *religieux* qui tient à la coagulation des sentiments individuels en expression collective. Au milieu d'un groupe, il faut une certaine énergie pour penser à l'encontre du nombre, et du courage pour l'exprimer ouvertement.

Les manipulateurs d'opinion ou, pour utiliser un mot plus civil, les communicateurs, savent que pour faire bouger mentalement une assemblée dans un sens donné, il faut commencer par agir sur ses leaders. Leur première tâche consiste à déterminer qui ils sont, nonobstant que ces derniers ne le savent pas encore eux-mêmes. Le manipulateur distingue très vite les quelques individus sur lesquels s'appuyer pour influencer les autres. Selon les cas, il élira les bavards ou les fanfarons ou les râleurs ou les obstinés, ceux qui font rire ou pleurer ou entretiennent les colères, etc. Le chaudron de sorcière du communicateur est sans fond. Tout son art consiste à gagner rapidement la sympathie des leaders encore inconscients de leur état et de leur rôle. Manipulés, ils seront à leur tour manipulateurs vis-à-vis du reste du groupe qui les suivra comme un seul homme.

Ces techniques sont aussi connues qu'éprouvées. Il n'y a pas de raison, autre que morale, de ne pas en tirer parti pour soi-même lorsque l'on veut ridiculiser publiquement quelqu'un. Mais attention, l'affaire peut tourner à son propre désavantage si l'on met de la maladresse dans le procédé. Par exemple, il ne faut pas donner à voir que l'on tient, à tout prix, à la victoire : une certaine apparence de modestie atténuera l'impression de virulence qui risque de vous fixer dans la position de l'agresseur, rôle rarement sympathique aux assemblées qui désirent rester neutres, ou croient le désirer*. Chaque coup porté à l'adversaire doit apparaître comme une parade, plutôt que comme une offensive. On ne vous en voudra pas d'étriller autrui en état de légitime défense ; en revanche, une domination arrogante vous sera mal pardonnée.

Bien entendu, ce principe demande à être adapté, notamment en fonction de l'importance du public. Plus il est nombreux, moins il est nécessaire de se fatiguer en faux-semblants. Les foules

* Au contraire, les assemblées qui n'ont pas le courage de régler elles-mêmes leurs comptes s'abritent volontiers derrière l'agressivité de l'un ou de quelques-uns de leurs membres, ainsi que l'expérimenta à son détriment Robespierre, lors de la fameuse séance du 9 Thermidor où, lui et ses compagnons, furent mis hors-la-loi.

n'aiment pas les perdants : ce n'est pas qu'elles soient cruelles, mais la défaite les démoralise. Elles ne s'animent que par la colère, la peur ou l'enthousiasme*. Le gros animal qu'est une foule est imperméable aux subtilités, il lui faut du tonitruant et de l'ostentatoire. Ramenée aux dimensions d'un groupe, sa psychologie change, et change encore si le groupe devient une assistance restreinte. Mais dans tous les cas, le principe du levier reste valable : il faut identifier le point névralgique sur lequel faire porter l'effort pour bouger l'ensemble.

* Les trois pouvant être mêlés : voir les soldats de 1914 partant au front au cri de « À Berlin! »

L'outrage fictionnel.

La volonté d'avoir raison à tout prix peut-elle faire pousser un groin? Regardons : le menton se déforme, les maxillaires se projettent vers l'avant, et il n'est pas jusqu'au sinus frontal qui ne semble participer à l'effort général en adoptant une sorte de profilé dynamique. Je sais que la caricature physique de la volonté de puissance fait sourire ceux qui ne croient pas à l'influence plastique du mental sur le corps. Rassurons-les : il est très rare d'avoir en face de soi un argumentateur présentant une tête de porc ou de mouton enragé. Dommage, car la transformation physique effective ferait gagner du temps à tout le monde. On saurait sans ambiguïté à qui l'on a à faire. Pour ma part, dans telle discussion, je me suis senti tête de plomb, au point d'être à deux doigts de tomber vers l'avant. J'en avais quasi l'impression physique.

Inversement, il m'arrive parfois de voir un interlocuteur, buté dans son désir d'avoir raison, se transformer en une sorte d'animal grossier et volontaire. Mettons sur le compte de l'imagination le crédit ou le débit d'une telle interprétation. Qui prétendrait que la fantaisie n'a pas son mot à dire quand l'échange prend une tournure presque dramatique à cause, par exemple, d'un enjeu de pouvoir? Toutes les facultés doivent être mobilisées au service du résultat, et je vais jusqu'à recommander *l'outrage fictionnel* comme dernier recours devant un velléitaire aveuglé par son obstination à vouloir l'emporter.

D'une injure courante.

Il y a deux façons de disqualifier quelqu'un : le traiter d'imbécile ou d'intellectuel. Dans le premier cas, l'affaire est vite enlevée : comme dit la chanson, *quand on est con, on est con*, la tautologie vaut évidence. La seconde injure mérite plus d'explications. Après tout, le statut d'intellectuel est assez convoité pour que certains aspirants, n'ayant pas trouvé leur nom dans le dictionnaire consacré au domaine français*, soient allés jusqu'à la crise de nerfs, voire à la menace de procès. C'est dire le prestige récurrent d'une qualification qui fait le yoyo à la bourse des valeurs, atteignant des sommets avant de toucher à nouveau le fond.

* *Dictionnaire des intellectuels français*, de Jacques Julliard et Michel Winock.

Se faire traiter d'*intellectuel* est infamant dans certains milieux. Cela revient à prendre en pleine figure les accusations de coupeur de cheveux en quatre et de masturbateur frénétique, les deux activités ne semblant pas incompatibles à ceux qui ne s'y sont pas essayé. Au jeu des définitions, l'intellectuel pourrait se voir synthétiquement désigné comme « masturbateur de cheveux en quatre », soit une sorte de jongleur compliqué ou d'éleveur de puces savantes se livrant à une activité improbable à des fins égoïstes. Telle est la moindre des imputations, la pire flirtant dangereusement avec des sous-entendus de parachutiste, assimilant les fonctions cérébrales à une espèce de sodomie mollassonne. Quiconque traite autrui d'*intellectuel* est mûr pour le traiter un jour de *pédé* ou de *gouine mal baisée*. Il est bon de le savoir, afin d'obliger les accusateurs à assumer leurs pulsions fascistes.

Toutefois, il n'est nul besoin de porter des godillots à clous pour se comporter en mangeur de cervelle humaine. Des gens civilisés et polis savent déclencher le mécanisme des analogies inconscientes, qui réveillent dans une assistance des images fortement connotées dès qu'une allusion vise l'excès supposé d'intellectualité de l'adversaire. Celui qui est la cible de l'attaque devrait, si la règle le permettait, faire remarquer au provocateur qu'il se comporte en brute, malgré les formes raffinées qu'il y met. Mais il encourrait immédiatement le reproche d'exagérer, de tomber dans la caricature pour se tirer d'un mauvais pas. Fort de cette sécurité qui le met à l'abri d'une réplique saignante, le démagogue ne se privera jamais de tirer en dessous de la ceinture en faisant semblant de viser à la tête.

Le jeu des sophistes.

Les sophistes n'ont jamais tort dans le détail, mais jamais raison dans l'ensemble. Telle est la réputation qui leur est faite, non sans justification. Mais, après tout, soigner le détail sans réussir à guérir l'être de façon globale et définitive, n'est-ce pas le lot de tout humain, et comme une image en raccourci de l'existence? La vie est une sorte de sophistique, privée de raison d'ensemble, et pourtant foisonnante d'arguments au quotidien. Nous avons raison tous les jours, sauf à notre dernier. À leur façon, les sophistes montrent assez bien les possibilités de la raison humaine lancée à l'assaut de l'Absurde.

Dans la vie, comme dans un débat, une somme de concessions fait rarement un bilan glorieux, encore que l'histoire militaire possède quelques exemples de retraites répétées se parachevant par un gain global. Esthétiquement parlant, il est beau de vaincre après avoir été jugé perdu : c'est évidemment plus satisfaisant que le contraire. Mais pour transformer cet heureux retournement de situation en stratégie préméditée, il faut être sûr de savoir où l'on va. Or, le sait-on jamais? La conclusion d'un différend recouvre rarement, et exactement, la vérité défendue par l'une des parties. Au mieux, elle reprendra une vérité écornée, gauchie par le débat et les coups de l'adversaire. Une vérité qui ne sort pas éclopée d'une discussion serrée n'est qu'un dogme stérile, incapable de relativisation et impropre à l'échange : on ne peut prétendre avoir raison en restant enfermé dans une citadelle aveugle, au lieu d'affronter les hasards de la controverse en terrain découvert. Le risque, inhérent à toute confrontation, rend la conclusion assez incertaine pour qu'un débatteur habile évite de jouer tous ses gains d'un coup. Il préfère des petites mises successives qui rapportent. Et qu'importe si, à la fin du jeu, il doit tout rendre : il se sera quand même bien amusé.

La postérité ne donne pas raison.

S'il est plus facile, apparemment, de mystifier les gens crédules, il est bon de se rappeler que la crédulité est suffisamment bien partagée pour que, d'une certaine façon, tout le monde ait, à la fois, raison et tort de toujours vouloir avoir raison. Et si, à cet instant, on amenait devant moi un gars modeste jurant qu'il ne souhaite pas triompher de ses contradicteurs, je lui montrerais que sa position est intenable. Car, soit il me donne spontanément raison, et alors il peut retourner dans son trou de souris ; soit il me donne tort, et il prouve ainsi qu'il ne sait pas ce qu'il dit. Dans ce débat, la modestie n'est pas un argument.

Personnellement, j'ai tendance à penser que dans un monde voué aux demi-vérités, il n'y a aucune arrogance à revendiquer le droit d'avoir raison contre autrui. C'est la lutte pour la Reconnaissance, une sorte de lutte intersubjective justifiée par le relativisme général. Bien entendu, il serait naïf de penser que la postérité nous donnera raison. D'abord, la postérité n'est qu'un décalage dans le temps de notre capacité de juger à tort et à travers de toute chose en profitant de notre actualité éphémère pour nous attribuer une prétendue supériorité sur des vérités forcloses. En outre, chacun peut vérifier qu'il existe des postérités concurrentes, celles-ci entretenant parfois entre elles le même type de conflit de valeurs que les contemporains de chaque époque. Ainsi, dans cent ans, la postérité que nous représentons aujourd'hui par rapport au passé paraîtra-t-elle aveugle et caduque, comme nous paraît peu perspicace la postérité des hommes du XIXe siècle, jugeant souvent mal les siècles qui les précédaient.

Il n'est donc pas utile de singer Stendhal en remettant à nos descendants le soin de nous donner raison, puisque l'Histoire n'a pas de tribunal, ni la Vérité de juge suprême. Nos descendants seront aussi approximatifs et incertains que nous-mêmes.

L'intelligence ne sert pas à découvrir des vérités.

Les bons esprits, inlassablement sur la brèche, vont penser qu'à ce point précis de mon développement, il est temps d'effectuer une dérivation judicieuse vers leurs propres conclusions. Le relativisme qu'ils m'accordent conduit au scepticisme, c'est-à-dire au sentiment qu'il n'existe pas de vérité stable, et donc que personne ne peut revendiquer sans naïveté le droit à la raison perpétuelle, voire à une raison passagère. Tel est le lit le plus large emprunté par le courant majoritaire des bons esprits. Au fait, il m'est facile de redresser l'argument, tel le grand Zampano une barre de fer tordue dans le mauvais sens. *Je peux avoir absolument raison avec une vérité relative.* Une vérité relative reste une vérité. Mais poussons plus loin. Nous voici devant un horizon fumeux de semi-vérités fantomatiques errant à la recherche d'esprits accueillants. Imaginons ces idées vides de substance, juste bonnes à servir de pâture aux amateurs d'arguties. Même chancelantes et incertaines, elles peuvent alimenter notre énergie intellectuelle, car l'intelligence a moins besoin de fins que de moyens pour exercer ses pouvoirs. Quelle candeur de croire que l'intelligence est la capacité de découvrir des vérités ! Si c'était le cas, la plupart des philosophes seraient des sots ! Un esprit vif et complexe s'intéresse moins aux résultats de ses cogitations qu'à leur intensité et à leur beauté intrinsèque. Jugés sur leurs conclusions, Platon ne serait qu'une sorte de poète et Hegel un mauvais scrutateur de l'universel. Malebranche ne vaudrait pas un clou, Freud ou Heidegger feraient rire ! Ont-ils raison, ont-ils tort, ces génies de la réflexion en eau profonde? On sent bien que la question ainsi posée ne mérite pas une réponse plus définitive que celle de Diderot se demandant à propos de l'homme : est-il bon? est-il méchant?

Il ne faut rien attendre de l'arbitrage de l'esprit philosophique.

L'esprit philosophique est, à sa manière, une sorte d'athlète capable d'effectuer des retournements et des contorsions spectaculaires. Imaginons-le faisant le grand écart entre deux subjectivités aussi pleines l'une que l'autre du sentiment de sa supériorité. Laquelle va-t-il choisir? Restant sur le plan des principes, il ne lui est pas loisible de trancher au nom de la logique, de l'expérience ou de la pertinence intellectuelle. L'esprit philosophique se meut dans un univers suprasensible et abstrait. On ne lui pardonnerait pas de prendre parti en s'immergeant dans le monde phénoménal, domaine réservé de l'esprit pragmatique. L'esprit philosophique, je le rappelle à ceux qui l'auraient oublié ou ne l'auraient jamais su, opère toujours en gants blancs avec un masque immaculé sur le visage pour éviter la contamination d'idées trop particulières. Aussi, sa déontologie lui fait-elle un devoir de rester neutre, en évitant de choisir entre deux champions, chacun défendant sa thèse avec la certitude d'avoir raison. Arbitre objectif qui n'arbitre rien, la Philosophie n'a pas d'autre choix que d'entériner la parfaite égalité de droit des deux revendications contradictoires. En Philosophie, il n'y a pas de perdant, tout le monde a raison.

De l'arbitrage, en général.

Il est difficile d'avoir raison seul. La sanctification d'un arbitrage paraît nécessaire pour s'affirmer vainqueur sans arrière-pensées. Or, les arbitres sont rares, surtout les arbitres de bon aloi, insoupçonnables et réellement équitables. Toute personne qui aspire à avoir raison à vie devrait s'offrir les services d'un arbitre de cette trempe, même si un arbitre personnel perd beaucoup en objectivité. La coutume est pourtant de passer sur ce léger inconvénient. Les intellectuels qui s'affrontent publiquement sont généralement accompagnés d'un manager, utile pour préparer le terrain et assurer les arrières médiatiques, et d'un ou deux arbitres journalistes censés compter les points. Mais du fait de leur engagement subjectif, ces derniers doivent, à leur tour, recourir à des arbitrages, et ainsi de suite, jusqu'à épuisement du sujet et des lecteurs. Les batailles idéologiques, telle celle qui a occupé la presse autour de la « gauche de gauche » de Pierre Bourdieu, mobilisent de véritables corps d'armée qui absorbent, d'un côté ou de l'autre, tout individu venu mettre un peu de son esprit dans le débat. Il en fut de même de la querelle sur la « nullité » de l'art contemporain lancée par Jean Baudrillard, des pugilats sur le foulard islamique dans les écoles, sur la pyramide du Louvre, sur la responsabilité des paparazzi dans la mort accidentelle de Lady D, sur la parité des hommes et des femmes en politique, sur la nécessité des bombardements en Serbie, et de combien d'autres mêlées fracassantes, des plus futiles aux plus graves... Aucun des débats mentionnés ne fut conclu, faute de véritable arbitrage. Au final, les vainqueurs sont les personnalités qui firent parler d'elles, qui signèrent dans toutes les colonnes, parlèrent dans tous les micros et devant toutes les caméras. Il est de fait que leurs arguments, inlassablement répétés, ne pouvaient convaincre que leurs partisans. Tel est le but véritable de l'institution du débat médiatique : bétonner de part et d'autre les positions, compter les troupes et ragaillardir son monde en le rassurant sur le bénéfice d'une victoire à terme. L'arbitrage sera celui des faits (jadis, on disait : de l'Histoire), plus décisif, quoique plus aléatoire, que celui d'une autorité intellectuelle assez forte pour imposer un armistice. Il n'existe plus aujourd'hui une telle autorité de référence. Chacun est maître chez soi, chacun règne sur le fief de sa propre raison, servi, quand il en a les moyens, par une vassalité de conviction qui se répand partout pour clamer sa gloire.

Le quant-à-soi comme dernier recours.

Comment avoir raison face à quelqu'un qui sait tout? Ce genre de personnage existe. Je ne parle pas de ceux qui croient tout savoir, mais de ceux qui savent tout réellement, gens à la culture inépuisable, étincelant de références, de citations, d'analogies universelles, jamais à court sur les sujets les plus improbables, et dont la richesse et la profondeur intellectuelles découragent la contradiction. Je ne vois pas ce que l'on peut faire, sinon saluer. Saluons, saluons, saluons… Qu'importe que nous y gagnions une crampe, il nous reste notre quant-à-soi. Certes, cela ne fait pas toujours grand-chose, un quant-à-soi. Sorte de petit territoire mal délimité, mais qui témoigne de l'existence de cette perle à la valeur incertaine : l'orgueil. Donc, nous avons notre orgueil, ainsi que le proclament les épaves alcooliques des romans de Dostoïevski, généralement avant de rouler sous la table. Notre orgueil nous protège de l'humiliation, il est notre ultime rempart. C'est la figure du refus – refus de l'évidence de la défaite. C'est la liberté de dire non, y compris à la Raison, de révoquer l'irréfutable, liberté absurde mais qui n'en est que plus manifeste, car que serait vraiment la liberté si elle ne se prouvait que dans l'affirmation du probant ? Faire appel à notre quant-à-soi pour éviter de nous laisser dominer par la supériorité éblouissante d'un autre est évidemment une manœuvre extrême. Pourtant, sans cette possibilité d'ordre presque ontologique, la Raison voudrait que le monde soit dominé par une élite d'esprits supérieurs. Les imbéciles ne pourraient plus accéder aux hautes fonctions. Cela sonnerait le glas des libertés publiques qui comprennent celle, tout à fait essentielle, de confier, si nous le désirons, notre destin à des cons.

Seul contre tous.

Avoir raison contre le monde entier est l'une des plus belles tentations qui s'offrent aux esprits fiers. Jugée à l'aune historique, l'approbation des contemporains n'apporte qu'une brève et décevante satisfaction. Que de vérités universelles ont tourné à l'illusion idéologique après coup ! L'histoire des idéologies est le recensement des valeurs unanimes et périmées d'une époque – autant de croyances-cathédrales qui finissent en ruines... Les vérités trop partagées ont quelque chose de suspect, comme si leur extension exagérée en épuisait la force. « Tout ce qui est précieux est difficile autant que rare » : or, la « vérité » n'est-elle pas le bien le plus précieux ? Telle est, du moins, l'idée que les hommes en ont, qui meurent plus pour « la » vérité que pour leur plaisir ou leur intérêt. Si la vérité est une petite flamme au creux de la main, plutôt qu'un brasier sur la place publique, il revient à l'individu d'en transmettre le mythe. Dans nos sociétés, il n'y a, au fond, de vérités que minoritaires et révolutionnaires, c'est-à-dire d'abord individuelles. Et c'est pourquoi chacun de nous est fondé à réclamer la paternité des vérités qui l'intéressent. Avoir raison contre tous : une jouissance aiguë, activée par le risque pathologique de la solitude paranoïaque. Les chercheurs scientifiques, les philosophes, les artistes, ces Christophe Colomb aimantés par le mirage de leur vérité, ne sont plus que de la pâture de dictionnaire, une fois la terre atteinte. La vérité de Van Gogh ne brilla jamais plus que quand elle était universellement ignorée et localement méprisée ; son succès posthume en a éteint le feu. De même, la « réussite » de Nietzsche a été son tombeau. Si Nietzsche fut grand, ce fut dans le malheur viril de la solitude, parmi les célibataires poussiéreux et les vieilles anglaises des tables d'hôte. La vérité est surtout belle dans son premier âge. Audacieuse et en même temps alarmée par l'hostilité environnante ; don quichottesque et pourtant tendue vers la nécessité de se faire comprendre et admettre. Les vérités valent par la singularité de leur surgissement, beaucoup moins par l'universalisme supposé de leur rayonnement. Les vérités ne devraient pas vieillir.

De l'autoconjuration.

Le fameux « t'as raison! » lancé à celui qui ne veut pas entendre d'autres raisons que les siennes vise à mettre un terme à toute discussion en enfermant l'autre dans un isolement mental d'apparence pathologique. On ne contredit pas un fou ni un cerveau intoxiqué de lui-même au point d'être incapable d'accepter l'hypothèse d'une défaite dans une discussion donnée. Peu ou prou, nous sommes tous au bord de cet excès de certitude, quand une prétendue vérité nous aveugle de sa prétendue évidence. Le bon réflexe, le seul qui soit le plus souvent hors de notre portée à ce moment-là, serait de nous désarçonner nous-même par l'apostrophe « t'as raison! ». Je recommande cette thérapeutique à qui le peut, elle permet de prendre de la distance avec soi-même à l'instant où nous nous laissons gagner par le sentiment velouté de notre mérite. Il est plus facile de prononcer cette parole conjuratoire que de se coiffer d'un entonnoir, accessoire que même les sages versés dans l'autodérision n'ont pas forcément à portée de la main. Il est vrai qu'autrui en prendrait prétexte pour nous confirmer dans notre modestie, qu'il appellerait *crise soudaine de lucidité*, nous rejetant dans l'attitude de perplexité navrée du footballeur qui, croyant dégager en touche, marque contre son camp.

Vertiges.

Si tout le monde a raison sur tout, personne n'a raison sur rien. Paradoxe sous lequel semble se nicher l'ironique vérité du non-sens, et qui pourrait autoriser à dire : *a tort, celui qui croit avoir raison ; a raison, celui qui croit avoir tort.* Échangeant l'habit du sceptique contre celui du taoïste, ne pourrait-on pousser le caractère faussement symétrique de l'aphorisme jusqu'à ce mur : *a tort, celui qui a raison ; a raison, celui qui a tort ?*

Il est certain que de telles pensées, prises au pied de la lettre, recèlent des abîmes au-dessus desquels il n'est pas sain de trop se pencher. La plus simple des médecines mentales est de renvoyer aphoristes et philosophes dans leur tanière, en les priant de nous laisser avoir raison en paix.

Tout le monde dans la vie a raison.

Les témoignages humains sont surtout de beaux morceaux de psychologie. Comment la vérité peut-elle se frayer un passage à travers les maillages superposés de récits colorés au brou de nos défauts, et rehaussés à l'or fin de notre vanité? D'un côté, César; de l'autre, monsieur Brun. La ligne qui passe entre les deux n'est pas objective, elle est indifférente et abstraite, une pure théorie. À tout prendre, mieux vaut se fier, selon ses penchants, à la parole glorieuse ou timorée de l'un ou de l'autre, chacune démarquant un point de vue partial, mais réel. Comme l'art, la vie ne peut être que subjective. Et, comme en art, tout le monde dans la vie a raison. Au moins, a raison de *son* point de vue, à défaut d'avoir raison de *tout* point de vue, privilège divin que s'octroient un peu vite les savants, les philosophes, les politiciens, les théoriciens, mon voisin, ma concierge et moi-même, dans mes mauvais jours. Si l'on prenait vraiment en compte ce subjectivisme de fait, neuf débats sur dix tomberaient au niveau d'intéressants contrepoints au lieu de figurer des joutes violentes où la hargne le dispute à l'obsession du triomphe. Mais reconnaissons qu'une telle pacification enlèverait beaucoup au spectacle, et nous priverait de ce léger goût de sang si sapide qui nous monte à la bouche avant un affrontement prometteur.

Le lecteur a toujours raison.

Les lecteurs de ce petit essai doivent se douter que l'auteur n'est pas sans arrière-pensées. D'une façon générale, la plupart des auteurs se gardent d'abattre trop vite leurs cartes. Prendre la plume, c'est se donner l'avantage du terrain, camper sur une position choisie, soigneusement minée d'avance. S'il est un bon stratège, l'auteur évite d'étouffer d'emblée les lecteurs sous l'impression déprimante de n'être que les visiteurs passifs d'un champ où la bataille, pour eux, est perdue d'avance. Il faut laisser aux lecteurs leur libre-arbitre : ils doivent avoir la possibilité de choisir la voie de leur retraite et la forme de leur capitulation. Je plaisante... Les lecteurs peuvent aussi avoir raison contre l'auteur. C'est même la motivation plus ou moins secrète qui nous pousse à choisir un ouvrage de préférence à un autre, comme guidés par le pressentiment que l'auteur, en définitive, ne fera pas le poids, quels que soient son plan d'attaque et la puissance de ses batteries. La charge vient toujours du lecteur, maître de l'offensive. Le mouvement est de son côté, puisqu'il peut à volonté feuilleter le livre, bousculer l'ordre des chapitres, décider à tout moment un armistice provisoire afin de refaire son plein d'arguments... Quant à l'auteur, il ressemble fort à un général prisonnier de sa propre tactique devenue immodifiable, et définitivement rivé à l'inactualité de ses positions. Ce n'est donc pas uniquement pour des raisons de principe, ou pour des raisons économiques, que le lecteur-acheteur est supposé avoir toujours raison. Il a raison, parce qu'il a le temps pour lui, et qu'il tient le meilleur rôle. Ainsi, hésite-t-il rarement à revêtir l'habit du critique, même élogieux. (On sait que l'éloge à autrui est l'une des figures détournées de la vanité personnelle. Il y aurait du ridicule à adresser des éloges à plus grand que soi, mais quelle douce autosatisfaction que de complimenter quelqu'un du haut de notre généreuse attention.) La critique est encore plus aisée que le prétend le proverbe, car c'est la forme ordinaire de l'estimation qui détermine nos goûts et nos dégoûts. Certes, avec le temps, un livre peut avoir raison contre ses lecteurs. (Voire contre son auteur : Voltaire tenait *Candide* pour une pochade.) Mais les lecteurs qui se sont fourvoyés n'étant plus là pour signer la reddition, subjectivement au moins, la victoire leur est acquise dès la dernière page lue. Loin de moi l'intention de crier à l'abus de pouvoir et de réclamer la création d'un syndicat des auteurs trop vite lus. Tous les auteurs auraient des titres à demander leur adhésion, je n'en connais pas qui s'estiment lus trop attentivement. Face à eux, le clan des lecteurs pourrait revendiquer moins de complaisance dans la distribution des points de raison, dont le solde, en théorie, devrait être favorable au maître d'œuvre dont le nom parade sur la couverture. Le conflit larvé entre auteurs et lecteurs est aussi classique que celui qui oppose automobilistes et piétons : la raison des uns n'est jamais celle des autres. Dans le conflit qui nous intéresse, il ne peut y avoir qu'un vainqueur. Sous prétexte que l'abstention donne des droits, le lecteur a toujours le dernier mot contre l'auteur aspirant à ses suffrages. C'est équitable. La vanité qui pousse à publier se voit rabrouer par la vanité critique qui pousse à juger ce qui a été lu, et à juger afin de se donner l'illusion de la supériorité sur un individu assez présomptueux pour prétendre nous occuper deux ou trois heures durant.